dtv

Die Geschichte des 20. Jahrhunderts ist von Gewalt geprägt. Wolfgang Benz beleuchtet die ideologischen Grundlagen, Entwicklung, Formen und Folgen der Ausgrenzung und Entrechtung von Minoritäten über Verfolgung und Vertreibung bis zum Genozid und zu »ethnischen Säuberungen«. Analysiert werden die Judenpogrome im zaristischen Russland, das brutale Vorgehen der Kolonialmacht gegen Herero und Nama in Deutsch-Südwestafrika, der Genozid an den Armeniern während des Ersten Weltkrieges, Antisemitismus und Judenverfolgung im Dritten Reich, die im Genozid mündeten, der Völkermord an Sinti und Roma, Zwangsumsiedlung und Vertreibung während und nach dem Zweiten Weltkrieg sowie Gewalt und Mord im ehemaligen Jugoslawien am Ende des 20. Jahrhunderts.

Wolfgang Benz, geboren 1941, ist Professor für Geschichte an der TU Berlin und Leiter des Zentrums für Antisemitismusforschung. Zahlreiche Veröffentlichungen zur Geschichte des 20. Jahrhunderts, Migrationsforschung und Genozidforschung.

Wolfgang Benz

AUSGRENZUNG VERTREIBUNG VÖLKERMORD

Genozid im 20. Jahrhundert

Deutscher Taschenbuch Verlag

Originalausgabe
November 2006
Deutscher Taschenbuch Verlag GmbH & Co. KG,
München
www.dtv.de

Umschlagkonzept: Balk & Brumshagen
Gesamtherstellung: Druckerei C. H. Beck, Nördlingen
Gesetzt aus der Minion 9,5/12,5'
Gedruckt auf säurefreiem, chlorfrei gebleichtem Papier
Printed in Germany
ISBN-13: 978-3-423-34370-1
ISBN-10: 3-423-34370-2

Inhalt

Von der Ausgrenzung zum Genozid.
Einleitende Bemerkungen 7

Traditionen der Gewalt gegen die Minderheit.
Die Oktoberpogrome 1905 in Russland 12

Kolonialpolitik als Genozid.
Der »Herero-Aufstand« in Deutsch-Südwestafrika 27

Verleugnung und Trauma.
Der Völkermord an den Armeniern 54

Stationen der Ausgrenzung.
Antijudaismus und Antisemitismus als Ideologie des Genozids .. 71

Diskriminierung, Ausgrenzung, Vernichtung.
Der Völkermord an Sinti und Roma 95

Zwangsmigration von Volksdeutschen im Zweiten Weltkrieg .. 108

Die Vertreibung der Deutschen nach dem Zweiten Weltkrieg .. 125

Verweigerte Aufnahme.
Illegale Einwanderung in Palästina 149

Ethnisierung – Vertreibung – Völkermord.
Die Wiederkehr des Schreckens am Ende des 20. Jahrhunderts ... 174

Nachweise 189

Von der Ausgrenzung zum Genozid
Einleitende Bemerkungen

Kein anderes Thema ist von individuellen und kollektiven Einstellungen und Wahrnehmungen, von Vorurteilen und Feindbildern so stark beeinflusst wie der Komplex Ausgrenzung von Minderheiten, deren Vertreibung, Deportation und Ermordung. Lehrstück dafür ist der Völkermord an den Armeniern in der Perspektive türkischer Patrioten, die ihre Ehre tangiert sehen, wenn die historische Tatsache erwähnt wird. Aber auch der Völkermord an Sinti und Roma wird nach denselben Gesetzmäßigkeiten des Nichtwahrhabenwollens oft marginalisiert und banalisiert.

Stärker als der meist gut erforschten Ereignisgeschichte folgt das Interesse der hier versammelten Studien bei der Betrachtung genozidaler Entwicklungen, ihrer Vorstufen und verwandter Erscheinungen wie dem Hererokrieg, den Pogromen gegen die Juden im Zarenreich, den weiteren Völkermorden und Vertreibungen im 20. Jahrhundert der jeweiligen Rezeptionsgeschichte. Das Reden und Schreiben über Katastrophen der Bevölkerungspolitik, über Ausbrüche von Hass und Gewalt, aber auch das Nichtbeachten von Völkermorden und ähnlichen Erscheinungen geben Aufschluss über Zustand und Entwicklungsmöglichkeiten von Kultur und Zivilisation, nicht nur der Gesellschaften, in denen die Katastrophe sich ereignet. Die Erinnerung an genozidales Geschehen oder seine Leugnung sind zentrale Indizien für das Demokratiepotenzial in Täter- wie Opfergesellschaften.

Ein Aspekt hat zentrale Bedeutung beim Versuch, Austreibung, Deportation, Vernichtung zu erklären und wenigstens im Ansatz zu verstehen, nämlich die Wechselwirkung von Ideologie, politischem Programm einerseits und atavistischer Gewaltentfaltung andererseits: Nationalistischer Furor, Ethnizität (vulgo Rassismus) als Leitprinzip, Überfremdungsängste, ökonomische und soziale

Interessen bilden das Gemenge, aus dem unterfüttert mit Welterklärungs- und Erlösungsanspruch das jeweilige Unheil entsteht.

Definitionsprobleme müssten nicht mehr sein, seit Raphael Lemkin, der amerikanische Jurist polnisch-jüdischer Abstammung, beim Studium des Armeniermords und des Judenmords 1944 den Begriff Genozid prägte[1] und seit die UNO, auf die Erkenntnisse der Nürnberger Prozesse gestützt, in der Völkermordkonvention von 1948 den Rahmen der Beurteilung des Verbrechens verabschiedet hat. Die Wahrnehmungsprobleme der Mehrheit hindern allerdings die Erkenntnis ebenso wie die Neigung von Tätern und ihrer Nachkommen, mit den Mitteln des Leugnens, der Schuldumkehr und der Minimalisierung historisches Geschehen zu negieren. Beschämend sind die Reaktionen der Weltöffentlichkeit – der offiziellen Repräsentanten, der Medien, der einzelnen Staaten – auf Völkermorde, wie sie Ende des 20. Jahrhunderts in Ruanda[2] stattfanden und zu Beginn des 21. Säkulums in Darfour stattfinden. Die räumliche Distanz zu den Ereignissen legt eine schützende Zone vor den Ort des Verbrechens, dem kein Einfluss auf die eigene Lebenswelt zugebilligt wird, das damit scheinbar nicht existiert.

Der Balkan liegt freilich zu nahe vor der Haustür, als dass das Geschehen in den neunziger Jahren hätte ignoriert werden können. Die Reaktionen auf den Genozid im ehemaligen Jugoslawien waren allerdings nur in begrenztem Maß ermutigend im Hinblick auf die gern erhobene Forderung nach Prävention und definitiver künftiger Verhinderung solcher Exzesse.[3] Und der Völkermord in Südosteuropa am Ende des 20. Jahrhunderts hat den Beweis erbracht, dass die Konvention von 1948 als politisches Instrument nicht ausreicht.

Genozidforschung ist eine junge Disziplin, die wesentlich vom Vergleich der Ereignisse und Erscheinungen lebt.[4] Der traditionell geübten Marginalisierung genozidalen Geschehens und – den kürzlich entstandenen und verdächtig rasch eingebürgerten Begriff aufgreifend – »ethnischer Säuberung«[5] im öffentlichen Diskurs ist als komplementäres Verhalten der schiefe Vergleich zur Seite getreten, der Bevölkerungstransfer ohne genozidales Motiv auf Grund seiner

Phänomenologie als Völkermord verstanden wissen will, um damit Interessen durchzusetzen. Die Bestrebungen, ein »Zentrum gegen Vertreibungen« zu errichten, bei dem vor allem die Absicht, deutscher Leiden zu gedenken, ins Auge fällt, ist als Reflex auf die öffentliche Erinnerung des Holocaust, als Wunsch, ähnliche Rituale zu installieren, interpretierbar. Die Darstellung des Projekts und vor allem die Reaktionen auf Kritik am intellektuellen Konzept des Vorhabens lassen den Schluss zu, aus politischer Absicht würde Unvergleichbares gleichgesetzt, würden Ursachen gegenüber ihren Wirkungen verschwiegen und Folgen wie die Integration der ehemaligen Vertriebenen in die Aufnahmegesellschaften der beiden deutschen Nachkriegsstaaten würden gegenüber dem erlittenen Leid und den Verlusten keine nennenswerte Rolle spielen. Kritik am schiefen Vergleich und am Instrumentalisierungsversuch wird absichtsvoll missverstanden als Verweigerung gegenüber dem Bestreben, den Opfern der Vertreibung einen Platz in der Erinnerungskultur zu schaffen. Darum geht es nicht, wohl aber um intellektuelle Redlichkeit: Die Vertreibung der Deutschen aus Ostmitteleuropa war kein Genozid und Versuche, die traurigen Ereignisse der Nachkriegszeit in die Nähe des Holocaust zu rücken, sind unredlich. Zur Objektivierung des Bildes sind in diesen Band die beiden Aufsätze zur Vertreibung der Deutschen aufgenommen, ihren Kontext bilden die Darstellungen zur Vertreibung der Juden aus Deutschland und zu den Schwierigkeiten der Aufnahme in Palästina, die sie, anders als die Deutschen, endgültig zu Heimatlosen machten.

Die Texte dieses Bandes sind aus unterschiedlichem Anlass entstanden. Sie fügen sich aber zusammen als Aspekte eines Themas, das zu den Leitmotiven des 20. Jahrhunderts gehört, zur Verfolgung und Vernichtung von Minderheiten im Zeichen ideologischer Prämissen. In neun exemplarischen Kapiteln werden Ursachen, Erscheinungsform, Entwicklung und Folgen von »Ethnischer Säuberung«, Rassenkrieg, Vertreibung und Völkermord thematisiert. Die Studien verstehen sich als Beitrag zur vergleichenden Genozidforschung, betonen aber gleichzeitig die Eigenart des jeweiligen

Ereignisses. Der »Herero-Aufstand«, der Mord an den Armeniern, der Genozid an Sinti und Roma, der Holocaust bilden historisch-empirische Schwerpunkte, betrachtet werden außerdem unterschiedliche Formen aggressiver Judenfeindschaft in Osteuropa und in Deutschland auf dem Weg zum Holocaust. Unfreiwillige Migration – Deportation oder Vertreibung – wird am Schicksal der Volksdeutschen als Opfer nationalsozialistischer Bevölkerungspolitik vor 1945 sowie an der Vertreibung der Deutschen aus Ostmitteleuropa nach dem Zweiten Weltkrieg dargestellt. Vorangegangen war dem verordneten Exodus der Deutschen die Vertreibung der Juden aus Mitteleuropa und ihre Abwehr in Palästina.

Die empirischen Studien, die dieser Band versammelt, erheben keinen Anspruch, einen Beitrag zur theoretischen und systematischen Erklärung genozidaler Ideologie, von als »social engineering« verstandener Bevölkerungspolitik oder anderer Formen von Ausgrenzung, Vertreibung und Vernichtung durch Massaker, Pogrom, Massenmord zu leisten. Beabsichtigt ist vielmehr – nach hergebrachtem Auftrag der Geschichtswissenschaft – zu beschreiben, »wie es gewesen ist«, und dadurch einen narrativen Beitrag zum Verständnis eines komplexen Themas zu liefern.

Das Feld, das mit Metaphern wie Deportation, Vertreibung, »ethnische Säuberung«, Völkermord umschrieben ist, wird oft mit größerem Aufwand an Emotion als an kühlem Verstand bestellt: Dass der Erkenntnis des jeweiligen Sachverhalts wie seiner Dimension Leidenschaften nicht dienlich sind, zeigen die Wallungen nationalen Gefühls bei Türken, wenn vom Völkermord an den Armeniern die Rede ist. Das Missverständnis, dass die genaue Betrachtung und Beschreibung des historischen Sachverhalts mit zu geringer Empathie für die Opfer oder zu wenig Nationalgefühl einhergehen müsse, ist anscheinend unauflösbar. Aber nur, wenn man weiß, wie es gewesen ist, wenn der historische Zusammenhang rekonstruiert und dargestellt ist, wird die Überwindung des Traumas der Ausgrenzung, Verfolgung und Vernichtung möglich, für die Nachkommen von Tätern wie von Opfern.

Anmerkungen

[1] Raphael Lemkin, Axis Rule in occupied Europe. Laws of Occupation, Analysis of Government, Proposals for Redress, Washington 1944.

[2] Einen originellen Beitrag aus der Sicht der Literaturwissenschaft leistet Robert Stockhammer, Ruanda. Über einen anderen Genozid schreiben, Frankfurt a. M. 2005.

[3] Einen guten Überblick zum Stand der Wissenschaft bietet Boris Barth, Genozid. Völkermord im 20. Jahrhundert. Geschichte, Theorien, Kontroversen, München 2006; vgl. auch Imanuel Geiss, »Ethnische Säuberungen«, Massaker und Genozid. Ein historischer Überblick, in: Sozial. Geschichte 19 (2004), H. 1, S. 44–73.

[4] Dominik J. Schaller, Rupen Boyadjian, Vivianne Berg, Hanno Scholtz (Hrsg.), Enteignet – Vertrieben – Ermordet. Beiträge zur Genozidforschung, Zürich 2004.

[5] Vgl. Norman M. Naimark, Flammender Hass. Ethnische Säuberung im 20. Jahrhundert, München 2004; Michael Mann, The Dark Side of Democracy. Explaining Ethnic Cleansing, New York 2005.

Traditionen der Gewalt gegen die Minderheit
Die Oktoberpogrome 1905 in Russland

Am 17. Oktober 1905[1] gewährte ein Manifest des Zaren Nikolaus II. allen Untertanen die Rechte freier Bürger, stellte das freie Wahlrecht in Aussicht und versprach ein Parlament, die Duma. Aber damit begann keineswegs ein konstitutionelles Zeitalter in Russland, das aus unterdrückten Untertanen stolze Bürger werden ließ. Das Oktobermanifest, das als halbherzige Beschwichtigung einer revolutionären Bewegung gedacht war, stiftete keinen Frieden, es wurde einer Minderheit, den Juden, sogar zum besonderen Verhängnis.

Die Pogrome, die überall im Russischen Reich im Oktober 1905 gegen Juden angezettelt wurden, standen in einer langen Tradition, nun hatten sie auch eine besondere politische Funktion, nämlich die, die Emotionen des Volkes und möglichst aller Unzufriedenen auf die Minderheit zu lenken. Der herrschende Antisemitismus sollte wieder einmal als Problemlösung dienen.[2]

Der 9. Januar 1905[3] ist als »Blutsonntag« in die russische Geschichte eingegangen: Militär hatte in St. Petersburg in eine Menge von 100 000 demonstrierenden Arbeitern schießen lassen. 150 bis 200 Tote, Hunderte von Verletzten, Proteststreiks und Unruhen waren die Folge. Sie mündeten in die erste russische Revolution, die freilich die Probleme der absolutistischen Zarenherrschaft nicht lösen konnte. Ursachen der Unzufriedenheit waren außer der allgemeinen Rückständigkeit auch die Folgen der Industrialisierung. Ein schnell wachsendes Proletariat, rekrutiert aus ihrer Lebenswelt entfremdeten Bauern, und eine neue Schicht, die »Intelligencija«, also Gebildete, die der Obrigkeit weithin als Revolutionäre galten, weil sie verfassungsmäßige Zustände erstrebten, bildeten die Facetten einer »Befreiungsbewegung«. Die Bauern waren ebenso wie der gutsbesitzende Adel mit den Zuständen unzufrieden. Die einen sahen sich als Opfer der Industrialisierung, die anderen als Leidtragende der Bauernbefreiung. Die außenpolitische Katastrophe der Niederlage im Krieg gegen Japan – Russland hatte am 15. Januar 1905 kapituliert – bildete den Hintergrund einer Modernisierungskrise, die von der Spannung zwischen dem autokratischen Herrschaftssystem und der wachsenden ökonomischen Kraft des Landes bestimmt war.

Zur elenden Tradition des russischen Herrschaftssystems gehörte die Situation der Juden.[4] Aus religiösen Gründen war ihnen der Aufenthalt im Russischen Reich ursprünglich verboten. Erst durch den Territorialzuwachs nach den polnischen Teilungen erhielt Russland jüdische Untertanen, die kurze Zeit noch gleichberechtigt waren. Wohnrechts- und Wanderungsverbote aus Konkurrenzgründen trafen jedoch bald die meist im Handel tätigen Juden. Das Judenstatut von 1804 regelte die Diskriminierung im Detail. Am Ende des 19. Jahrhunderts lebten die Juden überwiegend ghettoisiert in den Städten, ein Drittel als Handwerker, ein Drittel als Handelsleute, den Rest bildeten Arbeiter, Tagelöhner, Schankwirte und Angehörige der Intelligenzberufe. Ein Ukas Katharinas der Großen hatte 1791 verfügt, dass Juden nur im »Ansiedlungsrayon«, das waren 25 ausgewiesene Gebiete in Bessarabien, auf der Krim, in Litauen, Polen, Weißrussland und der Ukraine, ständig wohnen durften, und auch dort nur in Städten und Dörfern, nicht auf Gütern und Bauernhöfen.

Die Juden waren im Alltag vielfachen Schikanen ausgesetzt, etwa im Militärdienst (der auch Minderjährige rekrutierte): dort wurde Druck zur Taufe geübt. Juden wurden schließlich Opfer mehrerer großer Pogromwellen, deren erste 1881/82 stattfand. Die Minderheit war Objekt einer gegen die Moderne gerichteten Ideologie, die antikapitalistisch und industriefeindlich »die Juden« als Feinde stigmatisierte und sie für alle abgelehnten neuen Ideen haftbar machte. Dem gutsbesitzenden Adel ebenso wie den reaktionären Staatsbediensteten galten die Juden als Träger westlicher Reformideen, die sich ökonomisch mit Industrie und Kapital und politisch mit Verfassung und Parlament verbanden und unvereinbare Gegensätze zu altrussischem Recht und Brauch darstellten. In Pogromen wurde das ausagiert, in der Regel nach bestimmten Ritualen inszenierten Aufruhrs.

»Man behauptet, dass die Juden die letzten Lebenssäfte der Bevölkerung, unter der sie wohnen, aussaugen, daß sie fett und reich werden durch Ausbeutung der anderen, gleich einer Schmarotzerpflanze, die von den Säften des Baumes lebt, auf dem sie vegetiert. Jeder aber, der Gelegenheit hatte, mit eigenen Augen das jüdische Elend zu beobachten, zu sehen, wie Millionen dieser Menschenkinder in den Städten und Flecken der Ansiedelungszone unter unglaublichen Verhältnissen dahinschmachten, muß zugeben, daß entweder der fremde Lebenssaft ihnen keinen Nutzen bringt, oder daß das Geschwätz von der allgemeinen Ausbeutung durch die Juden gänzlich unwahr ist. Nicht der Reichtum, sondern die Armut der ungeheuren Mehrzahl der russischen Juden ist das, was jedem Kenner der Verhältnisse zunächst in die Augen springt. Diese Armut ist so groß, dass sie wohl selten ihresgleichen findet.«[5] Der Verfasser dieser realistischen Beschreibung, Iwan Graf Tolstoi, war kurze Zeit, von Herbst 1905 bis Frühjahr 1906, Erziehungsminister im Kabinett des Grafen Witte gewesen. Als Liberaler war er – das zeigt auch sein Standpunkt in der »Judenfrage« – ein Außenseiter. Im Gegensatz zu den unaufgeklärten Zeitgenossen, denen »die Juden« nur Objekte waren, die für alles mögliche als Sündenböcke instrumentalisiert werden konnten, nahm er die jüdische Bevölkerung als menschliche Wesen wahr.

Russland galt wegen der Pogrome am Ende des 19. Jahrhunderts als Synonym für virulenten und gewaltsamen Antisemitismus. Die Juden im Ansiedlungsrayon im Westen des Landes lebten, regelmäßig von Pogromen heimgesucht, in Armut und rechtlicher Unsicherheit. Nach der Ermordung des Zaren Alexander II. (1881) nahmen die Verfolgungen an Intensität zu, insgesamt lebten die russischen Juden bis zum Ersten Weltkrieg in einer Situation wie die Juden Mitteleuropas im 18. Jahrhundert: als randständige, von jedem gesellschaftlichen Status und damit von Erwerbs- und Aufstiegschancen ausgeschlossene, rechtlose Minderheit. Zunächst ohne die für Deutschland und Frankreich typischen rassistischen und nationalistischen Komponenten war Antisemitismus ein Instrument russischer Politik. Man lenkte bei Bedarf den »Volkszorn« auf die Juden, öffnete damit ein Ventil für Unzufriedenheit und stiftete Frieden in der Mehrheitsgesellschaft auf Kosten der Minderheit.

Judenfeindschaft in Ost- und Ostmitteleuropa entwickelte sich entlang zweier Traditionslinien, einer esoterisch-mythischen, die aus religiöser Wurzel gespeist die Minderheit der Juden mit Verschwörungsphantasien, Blutbeschuldigungen, dem Gottesmord-Vorwurf und Ritualmordlegenden stigmatisierte, und einer aktionistischen, die sich in Gewaltexzessen entlud. Beide Manifestationen des Judenhasses äußerten sich in vielen Spielarten und beide haben Wirkungen bis in die Gegenwart.

Orthodoxe Unaufgeklärtheit und schwärmerische Frömmigkeit bildeten in Russland den Nährboden für eine Judenfeindschaft, die sich für vieles instrumentalisieren ließ und deren traditionelle Topoi sich aus neuen Vorurteilen speisten. Die Schriften von Wilhelm Marr und Theodor Fritsch waren Anfang der achtziger Jahre in Russland bekannt und wurden, ebenso wie die Kongresse der Antisemiten-Liga in Deutschland, zur Kenntnis genommen.[6] Das Pamphlet mit der »Rede des Oberrabbiners«, jene Nebenfrucht des Romans von »Sir John Retcliffe« alias Hermann Goedsche, der die Vorlage zu den ›Protokollen der Weisen von Zion‹[7] lieferte, war um die Jahrhundertwende in Russland weit verbreitet.[8] Russische Rechtsextremisten ließen sich aus den Magazinen deutscher Antisemiten munitionieren, und den deutschen Reaktionären galten umgekehrt die Zustände im Zarenreich als politisches Ideal. Der 1905 gegründete protofaschistische »Verband des russischen Volkes« mit seinen paramilitärischen Formationen der »Schwarzen Hundert« kämpfte mit antisemitischen Parolen für die Autokratie von Zarenherrschaft und orthodoxer Kirche und suchte mit Ausfällen gegen Intellektuelle und mit sozialdemagogischen Forderungen breite Volksschichten zu gewinnen. Regierung und Geheimdienst alimentierten den Verband, weil sie sich davon Schutz vor der Revolution erhofften, und die Schwarzhunderter erfreuten sich des Wohlwollens des Zaren. Die Agitation, die in Pogrome mündete, arbeitete mit Vorwürfen und Schuldzuweisungen an die Juden als Ausbeuter der Arbeiter und Bauern, als Wucherer, Kapitalisten und Revolutionäre. Den Juden wurde unterstellt, sie seien die Feinde des Zaren, sie strebten nach der Herrschaft und sie stünden mit den Freimaurern im Bunde. Ein Höhepunkt der gewalttätigen Judenfeindschaft war im Oktober 1905 erreicht, als flächendeckend Pogrome im ganzen russischen Reich stattfanden, als Fanale gegen imaginäre Feinde, als Aufstand gegen moderne Ideen, als instrumentalisierte Wut gegen politische Zustände, als patriotisches Projekt.

Im Auftrag des Zionistischen Hilfsfonds in London untersuchte eine Kommission nach den Oktobermassakern des Jahres 1905 die Judenpogrome in Russland. Die Ergebnisse wurden 1910 in zwei Bänden veröffentlicht. Trotz der Behinderungen durch russische Behörden trugen die Kommissionsmitglieder umfangreiches dokumentarisches Material zusammen, das in einem allgemeinen Teil zur systematischen Analyse ausgewertet wurde. In chronologischer und geographischer Anordnung folgen dann Einzeldarstellungen der Pogrome auf dem damaligen Territorium des russischen Staates, d. h. unter Einschluss der Ukraine, Weißrusslands, Kongresspolens und Bessarabiens.[9]

Die Pogrome der achtziger Jahre unterschieden sich von den Exzessen der zweiten Welle 1903–1905 vor allem durch die Banalität des jeweiligen Anlasses. Dazu genügten Händel oder Meinungsverschiedenheiten auf dem Markt oder in einer beliebigen alltäglichen Situation, der Pogrom musste noch nicht als patriotisches Projekt inszeniert werden. Doch die Regie war immer ein charakterisierendes Element des Aufruhrs: »Das Bild der ersten Pogrome trug schon die Keime des raffinierteren der neuesten Zeit in sich. Zuerst beginnt eine verhältnismäßig unbedeutende Gruppe den Exzess, dann wächst sie meist lawinenartig an und verübt den Vernichtungsprozess in einer gewissen Ordnung: Laden nach Laden, Wohnung nach

Wohnung, Straße nach Straße – also geht es immer weiter. Die Scheiben klirren, unansehnliche Sachen oder schwerfällige Möbelstücke werden zerrissen und zerschlagen, was aber von Werte ist, wird eingesteckt, angezogen, umgebunden, ja heimgeführt. Immer lustiger, immer freier wird die Arbeit. Was gestern als Diebstahl gegolten hat, ist heute wohlerworbenes Recht ... In kleineren Ortschaften nimmt oft die gesamte Einwohnerschaft am köstlichen Spaß der Judenhatz teil, aber die Freude an der Vernichtung des Judenguts weicht gar schnell der Freude am Gut selber.«[10]

Voraussetzungen eines Pogroms sind die Erzeugung von Stimmung durch Propaganda, die sich des Gerüchts, der Mutmaßung mit Aufforderungscharakter bedient, das Einverständnis (oder die Billigung durch Unterlassung von Abwehrmaßnahmen) der Obrigkeit und die Organisation durch spezielle Interessenten. Diese Prämissen treffen ohne Rücksicht auf Ort und Zeit und Richtung des Pogromgeschehens zu. Das lässt sich auch an Beispielen wie der »Reichskristallnacht« 1938 oder Rostock-Lichtenhagen 1992 leicht nachvollziehen. Im Russland der achtziger Jahre des 19. Jahrhunderts, als die Pogrome eine unselige Tradition stifteten, war die Inszenierung eines Krawalls gegen die Minderheit, der mit Verwüstung (so die ursprüngliche Bedeutung des Wortes Pogrom) einherging, mit Raub und Plünderung, Demütigung und Misshandlung leicht durchführbar.

Eine wesentliche Voraussetzung war im Russischen Reich gegeben, nämlich die Existenz unaufgeklärter Bevölkerungsschichten, die durch Gerüchte und schuldzuweisende schlichte Welterklärungen zu beeinflussen waren, die habituell obrigkeitsfromm und gegen die als fremd erklärte Minderheit zu stimulieren waren: »Ihr Benehmen war meist herdenartig. Es gab wohl Dörfer, in denen die Bauern zugereiste Agitatoren hinausjagten und die Veranstaltung von Krawallen ablehnten. Gewöhnlich jedoch ließen sie sich erweichen und führten die Judenplünderung wie einen Befehl aus. In einer Reihe von Ortschaften legten sie auch einen hohen Grad von Judenhaß an den Tag, wurden brutal und warteten die Ankunft fremder Agitatoren erst gar nicht ab. Jedenfalls ist die Zahl der Orte erschreckend groß, in denen die Bauern über das Eigentum der Juden herfielen und sich dieses ohne die geringsten Gewissensbisse aneigneten. Vielleicht glaubten auch viele von ihnen, daß mit der Vertreibung der Juden aus den Dörfern ihre materielle Lage sich heben würde. Wie sollten sie es auch nicht glauben, da Hunderte, ja Tausende von Beamten und kleinen Hetzaposteln sie immer wieder über den verderblichen Einfluß der Juden belehrten, da sogar offiziell in Allerhöchsten Ukasen die Juden zu Ausbeutern gestempelt wurden, vor denen sie zu schützen seien? Und so erstand denn für die gequälten Judengemeinden eine neue Abart der Pogrome in Form von Austreibungsgesuchen vieler Flecken und Dörfer. Ob nun diese Wünsche befriedigt wurden oder nicht, stets war es für die gefährdeten Juden eine Qual. Doch was scherten die Bauern die Tausende von Tragödien, die sie anstifteten?«[11]

An den Ostertagen des Jahres 1903, am 6. und 7. April, ereignete sich in Kischinew, der Hauptstadt des russischen Gouvernements Bessarabien, der bislang schlimmste Pogrom.[12] Die zivilisatorische Katastrophe war durch antisemitische Artikel in der Zeitung ›Bessarabetz‹ angekündigt, Flugblätter und Plakate waren in der Stadt verbreitet worden, sie suggerierten den Nichtjuden – das waren etwas mehr als die Hälfte der 109 000 Einwohner der Stadt –, es gebe einen Ukas des Zaren, der es den Christen während der drei heiligen Ostertage erlaube, »mit den Juden ein blutiges Gericht zu halten«.

Intellektueller Urheber und Organisator war der Journalist Pawolaki Kruschewan, der zu den Schwarzen Hundert gehörte und die Zeitung ›Bessarabetz‹ Ende der neunziger Jahre gegründet und zum Forum der Hetze gegen die Juden gemacht hatte. Jahrelang schrieb das Blatt gegen die »Blutsauger, Betrüger, Parasiten und Ausbeuter der christlichen Bevölkerung« und unterfütterte schließlich die Vorwürfe gegen die Juden mit einer Ritualmordlegende.

Dass Exzesse gegen die Juden bevorstanden, war Stadtgespräch in Kischinew, aber der Gouverneur und der Polizeichef, ebenso der Bischof, von den Juden um Schutz angegangen, wiegelten ab und verbargen ihre eigenen Antipathien nicht. Am Ostersonntag, der zugleich Pessach war, begann der Pogrom: »Plötzlich, gegen Mittag, ohne irgendeinen augenblicklichen Anlass, ohne dass auch nur das kleinste Intermezzo zwischen Juden und Christen stattgefunden hätte, fing eine Bande von zehn- bis fünfzehnjährigen christlichen Burschen an, Juden zu überfallen. Die Juden flohen, die christlichen Burschen ihnen nach, ohne ihnen viel Uebles zu tun. Blitzschnell zerstreute sich die Bande in alle Hauptstraßen Kischinews und begann, Fensterscheiben in den jüdischen Häusern und Läden einzuschlagen. Alles wurde sofort verriegelt. Die Polizei verlegte sich darauf, die Buben zu verfolgen und zu verscheuchen, aber sie verhaftete niemand«.[13]

Derartige Reaktionen der Ordnungshüter waren überall Bestandteil des inszenierten Pogromgeschehens: Die Beiläufigkeit des Handelns, das Nichteinschreiten gegen Exzesstäter oder die vorübergehende Abwesenheit charakterisieren die Situation. Im Bericht über den Pogrom in Kischinew heißt es weiter: »Dieses Verhalten der Polizei musste sofort die Exzedenten ermutigen. Die jungen Burschen waren zweifellos von den Organisatoren ausgeschickt worden, damit man sich der Haltung der Polizei, auf deren Wohlwollen man ja ohnehin rechnete, ganz versichere. Es war etwa drei Uhr nachmittags, als plötzlich auf dem Platze Nowyi-Bazar ein Haufen von Männern erschien, alle in rote Hemden gekleidet. (Das rote Hemd gehört zur Festkleidung der russischen Arbeiter, kommt jetzt aber allmählich aus der Mode. Es ist klar, dass die Exzedenten die Arbeitertracht mit besonderer Absicht wählten.) Die Leute brüllten wie Besessene. Unaufhörlich schrieen sie: ›Tod den Juden! Schlaget die Juden!‹ Von der Schenke ›Moskwa‹ aus ... teilte sich dieser Haufe von einigen Hundert in 24 Abteilungen zu etwa 10 bis 15 Mann. Und von da ab begann systematisch zu gleicher Zeit in 24 Teilen der Stadt die Zerstörung, Plünderung und Beraubung jüdischer Häuser und Läden. Man fing damit an, Steine in solcher Menge und mit solcher Wucht in die Häuser zu werfen, dass man nicht nur die Fensterscheiben, sondern auch die Läden zertrümmerte. Dann riss man Türen und Fenster aus, drang in die Häuser und in die jüdischen Wohnungen ein und zerschlug und zerbrach, was man an Möbeln und an Einrichtung vorfand. Die Juden mussten ihren Schmuck, ihr Geld und was sie überhaupt an Kostbarkeiten hatten, den Räubern ausliefern. Wenn sie nur den geringsten Widerstand leisteten, bekamen sie mit den zertrümmerten Möbelstücken wuchtige Hiebe auf die Köpfe ... Im Stadtgarten musizierten indessen Kapellen, und die Leute sagten: ›Jetzt kann man wenigstens fröhlich promenieren. Man muss nicht mehr den Geruch von Juden verspüren.‹ In die Klänge der Musik mischte sich das Geschrei und Gebrüll der Exzedenten, das dumpfe Geräusch der auffallenden Möbel und das Klirren der zertrümmerten Fensterscheiben in den Gassen der Stadt. In den Gassen aber, in denen die Meute raste, fuhr die elegante Welt in Wagen vorüber, um sich an dem Schauspiel der wüsten Zerstörung zu weiden. Christen standen ruhig in den Türen ihrer Häuser. Lächelnd sahen sie der Arbeit der Pogromstschiki zu und halfen auch mit, wenn es not tat ... Um fünf Uhr nachmittags gab es den ersten Mord an einem Juden. Die Räuber stürzten sich auf eine Tramway, in der sich ein Jude befand, und schrieen den Passagieren zu: ›Werft uns den Juden heraus!‹ Der Jude wurde hinabgestoßen, und man gab ihm von allen Seiten so furchtbare Schläge auf den Kopf, dass der Schädel zerbrach und das Gehirn ausfloss ... Bald darauf ereignete sich eine Begebenheit von verhängnisvoller Bedeutung. Durch eine Straße, in der geplündert wurde, fuhr in seinem Wagen der Polizeimeister, um Visiten abzustatten. Eine Bande von Räubern umringte ihn und fragte: ›Darf man die Juden erschlagen?‹ Ohne eine Antwort zu geben, fuhr der Polizeimeister weiter. Sein Stillschweigen war das entscheidende Ereignis. Die Organisatoren und Führer der Exzesse hatten sich bisher in der Reserve gehalten. Nun erkannten sie und alle Christen, dass von der Polizei keine Störung zu fürchten sei und daß ihnen die Juden ohne Gnade ausgeliefert seien. Von diesem Augenblick an gesellte sich die Polizei, die bisher alles hatte geschehen lassen, den Exzedenten als aktive Helferin zu.«[14]

Der Pogrom, zu dem am Abend des ersten Tages auswärtige Fanatiker stießen, junge Großrussen, die bewaffnet und in einheitliche Tracht, wie sie die Arbeiter trugen, gekleidet wurden, ging am folgenden Tag weiter. Inzwischen waren jüdische Wohnungen und Geschäfte markiert und die Stadt in Aktionsfelder eingeteilt worden. Während der Gouverneur am Morgen erklärte, er müsse Befehle aus St. Petersburg abwarten, vorher könne er nichts tun, schlugen die Pogromisten wieder zu. Zur Bilanz des zweitägigen Wütens gehören 49 Tote, Hunderte Verletzte, 800 Häuser und Läden waren geplündert und demoliert, der materielle Schaden wurde mit zwei Millionen Rubel beziffert.

Die Gewaltaktion gegen die Juden in Kischinew war in ihrem gesamten Verlauf von der Entstehung bis zum Ende geradezu idealtypisch. So muss man sich den Aufruhr, der stets in Plünderungen und Massakern seinen Zenit erreichte, überall vorstellen. Das Rasen eines fanatisierten Pöbels (dem honorige Bürger oder Nachbarn durchaus angehören konnten) war in der »Reichskristallnacht« 1938 in deutschen Städten und Dörfern nicht anders als 1881 oder 1903–1905 in Russland.

Die Ereignisse von Kischinew, die vielfach Nachahmungstäter ermunterten, hatten ein Jahr später ein gerichtliches Nachspiel. Der Prozess fand unter Ausschluss der Öffentlichkeit statt, denn angeklagt war die Obrigkeit, die es immerhin auch vermocht hatte, mit militärischem Einsatz den Pogrom schlagartig zu beenden. Im Prozess kamen die Details der Vorbereitung und Durchführung zur Sprache. Beweise wurden angeführt, etwa die Flugblätter, in denen es hieß: »Für die Juden gibt es kein Gesetz, man kann mit ihnen machen, was man will«, oder ein Aufruf mit der Forderung: »Es ist sogar notwendig, die Juden zu schlagen, denn die Juden sind Revolutionäre und Feinde der Regierung und als solche dem Tode preisgegeben«. Ein anderes Flugblatt enthielt die Spitzfindigkeit: »Wenn es nicht erlaubt wäre, die Juden zu schlagen, so möchte die Polizei die Verbreitung dieser Aufrufe nicht gestatten«.[15]

Angeklagt waren der Generalgouverneur, der Vizegouverneur

und die Spitzen der Polizei wegen Tatenlosigkeit. Sieben jüdische Bürger beanspruchten Schadensersatz, ihre Klagen begründeten die Advokaten Winawer und Slinberg in ausführlichen Plädoyers. Die Verhandlung fand am 13. Mai 1904 statt. Nach einstündiger Beratung sprach das Gericht folgendes Urteil: »Die Angeklagten sind im Sinne des Gesetzartikels § 422 für die in Kischinew am 6. und 7. April des vorigen Jahres vorgekommenen Unruhen nicht verantwortlich zu machen. Es war ein Ereignis, das durch die kultur-historische Judenverfolgung verursacht wurde. Die Angeklagten haben zur Abwehr der Unruhen keine andern Mittel anwenden können, als solche, die sie zur Anwendung gebracht haben. Alle Angeklagten sind freizusprechen. Die Forderung auf Schadenersatz wird abgelehnt, dagegen sind die Kläger zur Tragung der sämtlichen Gerichtskosten verpflichtet.«[16]

Zwei Jahre später, 1905, hatte sich an der Einstellung der Mehrheit gegenüber den Juden nichts geändert. Aber politisch und sozial war die Situation bedrohlicher geworden. Die Gegensätze innerhalb der Mehrheitsgesellschaft hatten sich zugespitzt, das Regime der Zarenherrschaft wurde von Revolutionären unterschiedlicher Couleur in Frage gestellt und die staatstragende Oberschicht, der Adel, war unzufrieden. In Balta im Gouvernement Podolien, einer Stadt, in der von 23 363 Einwohnern 13 235 Juden waren, hatte es schon 1882 einen der ärgsten Pogrome gegeben. Nach einer längeren Zeit der Ruhe wurde die Stadt 1905 Schauplatz eines der letzten Oktoberpogrome.

Der Ort war typisch für das Geschehen im ganzen Russischen Reich, sowohl nach sozialem Hintergrund als auch nach politischem Kräftefeld und im Ablauf der Ereignisse: »Der Pogrom nahm seinen Verlauf, wie in den meisten Städten. Er wurde durch eine ›patriotisch-russische‹ Manifestation eröffnet. Der Geistliche Sergejew hielt in der Kirche eine Rede, worin er seine Gemeinde ermahnte, gegen die Juden loszugehen und ihnen zu zeigen, wie man ›patriotische‹ Manifestationen mache. Um die Juden in die Mausefalle zu locken, lud der Stadtverordnete Odolski die jüdischen Notabeln ein, auch ihrerseits eine ›patriotische‹ Manifestation zu veranstalten, was diese auch taten. Um 3 Uhr nachmittags trafen die beiden Manifestationen zusammen: die christliche, bestehend aus etwa 50 Personen – Altgläubigen, Beamten, Städtern und Bauern –, die von Odolski und Koropow angeführt wurde, und die jüdische mit dem Rabbiner an der Spitze und mit Thorarollen in den Händen. Als die beiden Prozessionen einander nahe kamen, rief Odolski: ›Haut die Juden!‹ Das war das Signal zum Pogrom.«[17]

Der deutsche Schriftsteller Hans Fischer alias Kurt Aram sammelte im Sommer 1913 auf einer Reise durch Russland Eindrücke, die er unter dem Titel ›Der Zar und seine Juden‹ als Buch publizierte.[18] Anlass, Motiv und Wirkung der Pogrome vom Herbst 1905 beschreibt er als Inszenierung, die von der russischen Regierung damit begründet wurde, die russische Revolution von 1905 »sei in der Hauptsache eine jüdische Revolution, gegen welche die loyalen Russen dann eben auf ihre Weise Front gemacht hätten und auch weiterhin nach Bedarf Front machen würden«.[19]

Solchem Reflex der Schuldumkehr hält der deutsche Beobachter die Realität entgegen: Der Anteil der Juden an der Freiheitsbewegung in Russland musste angesichts der Judengesetzgebung und ihrer diskriminierenden Begleiterscheinungen zwangsläufig wachsen, gab es doch keine andere Bewegung in Russland, auf die Juden hätten Hoffnungen setzen können, als eine Revolution mit dem Minimalziel konstitutioneller Zustände. Die Juden im russischen Zarenreich waren aber, auch wenn sie in Teilen mit der revolutionären Bewegung sympathisiert haben, vor allem – wie seit Generationen – Opfer willkürlicher Herrschaft: »Seit dreißig Jahren mißhandelt die absolutistische Regierung Tag für Tag den Juden, und jetzt jammert sie, daß die jüdische Bevölkerung ihr feindlich gesinnt sei. Nun, ich finde, ein russischer Jude, der ein ehrlicher Freund dieser Regierung ist, wäre noch verächtlicher als ein malträtierter Hund, der nicht beißt. Daß die Zahl der jüdischen Terroristen so klein ist, kann man überhaupt nur aus dem eingefleischten Widerwillen des

Juden gegen Gewalttätigkeiten jeder Art erklären. Sonst ist es einfach unverständlich. Viel unverständlicher muß es in Anbetracht der Judengesetzgebung und der Pogrome für den Nichtrussen sein, daß überhaupt noch Juden, die auswandern könnten, in Rußland bleiben. Aber auch das hat seine echt russischen Gründe.«[20]

So fatalistisch war die Reaktion der Juden gegenüber ihrer Unterdrückung freilich schon lange nicht mehr. Eine Folge der Diskriminierung war die zionistische Idee, eine andere das stürmische Anwachsen des »Allgemeinen jüdischen Arbeiterbundes in Litauen, Polen und Russland«, der als eigenständige Organisation – allgemein bekannt als »der Bund« – innerhalb der sozialdemokratischen Bewegung 1897 gegründet worden war. Der Bund wurde zum Synonym für jüdisches Selbstbewusstsein. In den nicht-jüdischen revolutionären Parteien Russlands waren Juden stark vertreten, bei den Bolschewiken stellten sie etwa 11 Prozent, bei den Sozialrevolutionären 14 Prozent und bei den Menschewiki knapp 23 Prozent der Funktionäre.[21] 1903 hatten die Delegierten des Bundes beschlossen, eine Organisation zur jüdischen Selbstverteidigung zu gründen, daraus entwickelten sich bewaffnete Verbände, die in der Revolution von 1905 bereits eine aktive Rolle spielten. Das gab wiederum den Bürokraten und Agitatoren des absolutistischen Regimes das willkommene Argument an die Hand, »die Juden« attackierten die staatliche Ordnung auf besonders aggressive Weise, und das bot Anlass zu antisemitischer Propaganda mit dem Tenor, die Obrigkeit müsse die »echtrussischen« Patrioten zu Hilfe rufen, um den Zaren und die göttliche Ordnung zu verteidigen. Der Kreis hatte sich geschlossen.

Die Wahrnehmung der Opfer der Pogrome als Täter entwickelte Traditionen, die bis in die Gegenwart wirken. Dass Juden im Zionismus, dem Streben nach einer selbstbestimmten nationalen Heimstatt, den Ausweg aus der Misere rechtloser Existenz im zaristischen Russland suchten, wird ihnen so verübelt wie die Tatsache, dass manche Juden die Arbeiterbewegung, den Sozialismus als Chance zur Emanzipation begriffen.

Die Legende von der jüdischen Dominanz bei der Entstehung und Durchsetzung des Kommunismus hat im Versuch russischer Juden zur Pogromzeit, sich gegen die aggressive Mehrheit zu behaupten, ihren Ursprung. Nach der Scheinlogik des Vorurteils, nach der irrationalen Mechanik der Judenfeindschaft wurde das Bedürfnis nach Emanzipation und Sicherheit mit Argumenten der Rassenideologie und der Verschwörungsphantasien erklärt und zum Konstrukt der jüdischen Erfindung des Bolschewismus verdichtet. Mit Stereotypen reagierten Verängstigte und Ratlose seit einem Jahrhundert auf Phänomene wie die Revolution in Russland, auf Räteherrschaft und kommunistische Regime.

»Juden waren es, die den Marxismus erfanden, Juden sind es, die mit ihm seit Jahrzehnten die Welt zu revolutionieren versuchen«. Verfasser dieses Wochenspruchs der NSDAP, der im September/Oktober 1941 galt, war Dr. Joseph Goebbels. »Viele der für den Bolschewismus engagierten Juden fühlten sich sozusagen als gläubige Soldaten der Weltrevolution«, sagte der Bundestagsabgeordnete Martin Hohmann am 3. Oktober 2003. Dann bewies er mit Zahlen und Zitaten, dass Juden in den revolutionären Gremien Sowjetrusslands überproportional vertreten waren, und legte den Schluss nahe, niedere Beweggründe hätten sie zum Bolschewismus getrieben. So werden Opfer zu Tätern stilisiert, so funktioniert Antisemitismus als Ideologie zur Welterklärung, die beliebig politisch instrumentalisierbar ist.

Anmerkungen

[1] Nach dem Julianischen Kalender (»Alter Stil«), der bis Februar 1918 in Russland galt. Nach westlicher Zeitrechnung (Gregorianischer Kalender) war es der 30. Oktober.

[2] Vgl. Heinz-Dietrich Löwe, The Tsars and the Jews. Reform, Reaction and Anti-Semitism in Imperial Russia 1772–1917, Chur 1993.

[3] Nach westlicher Zeitrechnung war es der 22. Januar.

[4] Salo W. Baron, The Russian Jew. Under Tsars and Soviets, New York, London 1964.

[5] Iwan Graf Tolstoi, Der Antisemitismus in Rußland, Frankfurt a. M. 1909, S. 101.

[6] Vgl. Massimo Ferrari Zumbini, Die Wurzeln des Bösen. Gründerjahre des Antisemitismus: Von der Bismarckzeit zu Hitler, Frankfurt a. M. 2003.

[7] Jeffrey L. Sammons (Hrsg.), Die Protokolle der Weisen von Zion. Die Grundlage des modernen Antisemitismus – eine Fälschung. Text und Kommentar, Göttingen 1998.

[8] Vgl. Walter Laqueur, Deutschland und Rußland, Berlin 1965, S. 109 f.

[9] Die Judenpogrome in Rußland, hrsg. im Auftrage des Zionistischen Hilfsfonds in London von der zur Erforschung der Pogrome eingesetzten Kommission, 2 Bände, Köln und Leipzig 1910 (künftig zit. Judenpogrome).

[10] Judenpogrome I, S. 18 f.

[11] Ebenda, S. 45.

[12] Edward H. Judge, Ostern in Kischinjow. Anatomie eines Pogroms, Mainz 1994.

[13] Judenpogrome II, S. 11 f.

[14] Ebenda.

[15] L. Judavics-Paneth, Pogrom-Prozesse. Der Pogrom in Kischinew, Berlin 1911, Teil II, S. 14.

[16] Ebenda, S. 21.

[17] Judenpogrome II, S. 421.

[18] Kurt Aram [d. i. Hans Fischer], Der Zar und seine Juden, Berlin o. J. [1914].

[19] Ebenda, S. 127.

[20] Ebenda, S. 128 f.

[21] Heinz-Dietrich Löwe, Antisemitismus und reaktionäre Utopie. Russischer Konservatismus im Kampf gegen den Wandel von Staat und Gesellschaft 1880–1917, Hamburg 1978, S. 70 f.

Kolonialpolitik als Genozid

Der »Herero-Aufstand« in Deutsch-Südwestafrika

In älteren Nachschlagewerken, etwa dem Großen Brockhaus von 1931, liest man unter dem Stichwort Herero, dass es sich um ein südwest-afrikanisches Bantuvolk mit stark hamitischer Beimischung in einer Gesamtzahl von etwa 18 000 Köpfen handelt. Bis 1904 seien die Herero ein mächtiges, freiheitsliebendes kriegerisches Volk gewesen, »seit dem Herero-Aufstand sind sie stark degeneriert und an Zahl sehr zurückgegangen (vor 1904 rund 100 000 Köpfe)«. Die Herero seien hauptsächlich Viehzüchter, liest man weiter, die »mit närrischer und durch religiöse Überzeugung gesteigerter Liebe an ihren Rindern« hingen. Durch die Aufstände 1896 und 1904 seien die Herero bekannt geworden: Nach der Schlacht am Waterberge am 11. August 1904 seien sie völlig unterworfen und in der Hauptmasse in die Sandwüste Omaheke abgedrängt worden und dort verdurstet. Der Rest lebe auf Reservationen.

In solch dürrer Umschreibung fand der erste Völkermord des 20. Jahrhunderts 25 Jahre später seinen lexikalischen Niederschlag. Aus den Zahlenangaben lässt sich errechnen, dass man von mindestens 80 000 Opfern, die freilich niemand so nannte, ausging. Auch 1999 schreibt der Brockhaus nur lakonisch, dass ein Aufstand 1904 gescheitert sei, dass die Herero von Truppen des Generalleutnants Lothar von Trotha in die wasserlose Omaheke-Steppe getrieben wurden, wo der größte Teil umkam.

Die öffentliche Wahrnehmung hat sich ein Jahrhundert lang mit solcher Information begnügt, auch die Geschichtsforschung nahm sich der Ereignisse in der Kolonie Deutsch-Südwestafrika erst spät an. Der Herero-Aufstand blieb freilich als Gegenstand der Trivialliteratur populär und als Heldenepos der deutschen »Schutztruppe« im rechten politischen Spektrum lebendig.

Gustav Frenssen[1], im letzten Jahrzehnt des 19. Jahrhunderts zunächst Dorfpastor in Dithmarschen, war einer der erfolgreichsten Schriftsteller der ersten Hälfte des 20. Jahrhunderts. Nachdem er mit ersten erzählerischen Werken hervorgetreten war, gab er 1902 den Kirchendienst auf und etablierte sich als Autor von Romanen, in deren Mittelpunkt Bauernstand, christliche Einfalt und deutsche Art stehen. Irgendjemand soll ihn 1912 gar für den Nobelpreis vorgeschlagen haben. Ehrungen erfuhr der Dichter, der sich 1932 nach Stationen nationalliberaler, deutschnationaler und völkischer Gesinnung den Nationalsozialisten anschloss, jedenfalls im Dritten Reich in größerer Zahl, und gleichermaßen konnte er sich der Auflagen seiner Bücher in Millionenhöhe erfreuen. Zu seinen größten und wirkungsmächtigsten Erfolgen gehörte die Erzählung aus dem Jahre 1906 ›Peter Moors Fahrt nach Südwest‹. Als Tornisterschrift trugen Landser noch im Zweiten Weltkrieg das Buch im Gepäck. Und auch in den fünfziger Jahren wurde das Buch, inzwischen ein Klassiker zur afrikanischen Kolonialfolklore, noch aufgelegt.[2]

Peter Moor ist ein junger Mann, der bei seinem Vater in Itzehoe das Handwerk des Kunstschmieds erlernt hat; 1904 meldet er sich als Freiwilliger zur Schutztruppe in die Kolonie, weil dort ein Aufstand ausgebrochen ist: »In Südwestafrika haben die Schwarzen feige und hinterrücks alle Farmer ermordet, samt Frauen und Kindern«.[3]

›Peter Moors Fahrt nach Südwest‹ wurde Prototyp des Genres Kolonialerzählung, die Entbehrungen und Heroismus deutscher Soldaten in Afrika thematisiert. Die Protagonisten sind als Apotheose deutscher Tugenden angelegt, die im Triumph des Herrenmenschen gipfeln. Peter Moors schlichter »Feldzugsbericht« – so der Untertitel – schildert den Kampf gegen die zahlenmäßige Übermacht des Feindes, geschrieben aus einer Haltung, wie sie die folgende Passage illustriert. Zwei seiner Kameraden sind soeben gefallen, Peter Moor kniet, das Gewehr im Anschlag, und sieht »nicht weit von mir eine schwarze halbnackte Gestalt, wie einen Affen, mit Händen und Füßen, das Gewehr im Maul, auf einen Baum klettern, und zielte nach ihm und schrie auf vor Freude, als er am Stamm herunterfiel«.[4]

Bei anderer Gelegenheit wird ein Herero-Krieger gefangen genommen. Ein Mann der Schutztruppe verhört ihn, kommt zum Schluss, der Schwarze lüge wie gedruckt, fragt weiter. »Dann hatte er wohl genug erfahren und sagte: ›Der Missionar sagte einmal zu mir: Mein Lieber, vergessen Sie nicht: die Schwarzen sind unsere Brüder; nun will ich meinem Bruder seinen Lohn geben.‹ Er stieß den Schwarzen von sich und deutete: ›Lauf weg!‹ Der sprang auf und versuchte, in langen Zickzacksätzen schräg hinunter über die Lichtung zu kommen. Aber er hatte noch nicht fünf Schritte gemacht, da traf ihn die Kugel, daß er lang nach vorn hinschlug und still lag. Ich knurrte ein wenig; ich dachte, der Schuß könnte feindliche Haufen, die etwa noch zurückgeblieben waren, auf uns aufmerksam machen; der Oberleutnant aber meinte, mir wäre nicht recht, daß er den Schwarzen erschossen hatte, und sagte in seiner gelehrten, bedächtigen Weise: ›Sicher ist sicher. Der kann kein Gewehr mehr gegen uns heben und keine Kinder mehr zeugen, die gegen uns kämpfen; der Streit um Südafrika, ob es den Germanen gehören soll oder den Schwarzen, wird noch hart werden.‹«[5]

Hunderttausende lasen die Schilderung von Peter Moors Kriegsabenteuern in der Kolonie Deutsch-Südwest. Sie hielten es wohl für erlaubten Kriegsbrauch gegenüber dem afrikanischen Gegner, so zu verfahren, wie es die nächste Szene, ein nächtlicher Streifzug, beschreibt: »Da machten wir uns vor Morgengrauen auf und entdeckten richtig die Stelle im Busch und umschlichen sie. Sie hockten, fünf Mann und acht oder zehn Weiber und einige Kinder, um das trübe, kleine Feuer, in Lumpen, ganz erstarrt. Wir drohten ihnen, daß sie sich nicht rühren sollten, und durchsuchten die Bündel, die neben ihnen lagen, und fanden zwei Gewehre und gestohlene, wahrscheinlich unsern Toten geraubte Unterkleider; der eine der Männer aber trug einen deutschen Waffenrock, der die Namenzeichen eines unsrer gefallenen Offiziere trug. Da führten einige von uns die fünf Männer zur Seite und erschossen sie. Die Weiber und Kinder, die jämmerlich verhungert aussahen, jagten wir in den Busch.«[6]

Die zeitgenössischen Leser ab 1906 und über 1945, das Todesjahr des Dichters Frenssen, hinaus, haben den Hererokrieg als Strafexpedition wahrgenommen, als bewaffnetes Gericht über minderwertige ethnische Gruppen, die zum Gehorsam und zur Unterwerfung vor den Vertretern der höheren Rasse, der Zivilisation, des Christentums und der abendländischen Kultur von Natur aus verpflichtet waren. Die genozidale Idee, die Ausrottung der Minderwertigen als Volk, ist in der Erzählung nicht nur angelegt, sondern wird auch offen propagiert. Etwa in der Wiedergabe der Predigt des Pastors im Gottesdienst vor der Schlacht: »Ein Naturvolk habe sich gegen die Obrigkeit erhoben, die Gott ihm gesetzt hätte; dazu habe es sich mit entsetzlichen Morden befleckt. Da hätte die Obrigkeit uns das Schwert in die Hand gegeben; das sollten wir morgen wieder brauchen«.[7]

Die Intention des Völkermords, in der der Kolonialkrieg geführt wurde, wird deutlich in Peter Moors Reflexion, als er nächtens ein Lager der Herero beobachtet. »Da liegt ein Volk mit all seinen Kindern und all seinem Hab und Gut, von allen Seiten von wildem, schrecklichem Blei bedrängt und zum Tode verurteilt; und es ging mir kalt über den Rücken.«[8]

Die Ereignisse in Südwestafrika und ihre Vorgeschichte sind gut erforscht.[9] Das Deutsche Reich war spät in den Kreis der Kolonialmächte getreten. Die Forderung nach Kolonien, von Reichskanzler Otto von Bismarck lange abgelehnt, war eine Folge der deutschen Einigung, die mit der Reichsgründung 1871 auch eine Voraussetzung, den Ausbau der Kaiserlichen Marine, ermöglicht hatte. Im Jahr 1884 liegen die Gründungsdaten des deutschen Kolonialreiches, als ab April die privaten Handelsniederlassungen in Togo, Kamerun und Südwestafrika unter den Schutz des Kaiserreiches gestellt wurden, symbolisiert durch das Hissen der deutschen Flagge und vollzogen durch »Schutzverträge« mit einheimischen Herrschern. Im gleichen Jahr, 1884, wurde der Nordosten Neuguineas, im folgenden Ostafrika »Schutzgebiet« des Deutschen Reiches.

Da die privaten Handelsgesellschaften nicht in der Lage waren, die ihnen zugedachte administrative und ökonomische und schon gar nicht die exekutive und judikative Rolle zu spielen, wurden die Schutzgebiete zu Kronkolonien, in denen die Staatsgewalt – geregelt durch Gesetze 1886 und 1900 – vom deutschen Kaiser ausgeübt wurde. Delegiert auf den Reichskanzler und ausgeübt durch eine kleine Kolonialbürokratie, die in der Kolonialabteilung des Auswärtigen Amtes (ab 1907 im eigenständigen Reichskolonialamt) ihre Spitze hatte, wurde über die Geschicke der Kolonien in Berlin entschieden. Vor Ort fungierten Gouverneure (anfänglich führten sie den schlichteren Titel Landeshauptmann).

In Deutsch-Südwestafrika übte von 1894 an Theodor Leutwein (1849–1921), ein Berufsoffizier, der es 1893 zum Major gebracht hatte, das Amt aus. Ihm folgte Lothar von Trotha (1848–1920), der vorher Vizegouverneur von Deutsch-Ostafrika gewesen war, an der Strafexpedition gegen China nach dem »Boxeraufstand« 1900 teilgenommen hatte und im Mai 1904 als Kommandeur der Schutztruppe nach Südwestafrika geschickt wurde, um den dortigen Aufstand niederzuwerfen. Er war als Kriegsherr erst gegen die Herero und dann gegen die Nama der Verantwortliche für den Genozid. Im November 1905 wurde er abberufen. Sein Name ist mit der Schlacht am Waterberg und ihren Folgen sowie mit dem »Aufruf an das Volk der Herero« vom 2. Oktober 1904 verbunden, einer Proklamation, die als Vernichtungsbefehl interpretiert wird.

Die Geschichte von »Deutsch-Südwest« beginnt 1883 mit dem Erwerb einer Bucht durch den Bremer Kaufmann Adolf Lüderitz, die bis heute seinen Namen trägt. Lüderitz kaufte von der ethnischen Gruppe der Bethanier außerdem einen Küstenstreifen von 20 Meilen Breite an der Oranjemündung. Den Preis hatte Lüderitz auf 600 Pfund Sterling (das entsprach 12 000 Mark) und 260 Gewehre festgesetzt. Seinen Partner, den Bethanier-Großmann Joseph Fredericks, betrog er bei dem Geschäft, denn der kannte nur die britische Meile, die 1,6 km entsprach, während Lüderitz die geographische oder deutsche Meile von 7,42 km zugrunde legte. Vor dem Kaufmann Lüderitz, der, ermuntert vom Auswärtigen Amt, in der Folge weiter Land erwarb und darüber in finanzielle Schwierigkeiten geriet, waren Missionare der Rheinischen Missionsgesellschaft ins Land gekommen, die auf ihre Weise Veränderungen der soziokulturellen Situation bewirkten und die, über Schutzverträge, die auf ihr Betreiben vom Auswärtigen Amt abgeschlossen wurden, auch politische Wirkungen hatten. Freilich waren Landabtretungen nicht Gegenstand dieser Verträge: Die Stammesführer erteilten unbeschränkte Handelserlaubnis, verpflichteten sich, Leben und Eigentum deutscher Staatsbürger zu schützen und ohne deutsche Zustimmung keine Verträge mit anderen Kolonialmächten zu schließen. Das Deutsche Reich garantierte dafür »Schutz« für Häuptlinge und deren Stämme bei regionalen Auseinandersetzungen, versprach, Sitten und Gebräuche zu achten, und anerkannte die Rechtsprechung der Afrikaner.

Zu Beginn der deutschen Kolonialzeit existierten drei staatsrechtliche Bereiche in Südwestafrika nebeneinander: das von Lüderitz gekaufte Land, die Gebiete unter Schutzverträgen und das Land, deren Führer Schutzverträge verweigert hatten, darunter mehrere Herero- und Nama-Stämme. (Für die Letzteren war deutscherseits die verächtliche Bezeichnung »Hottentotten« im Gebrauch.) Die Besitzungen von Lüderitz waren von der »Deutschen Kolonialgesellschaft für Südwestafrika« übernommen worden, vertreten waren darin führende Banken, die wie das Publikum Gewinne erwarteten, aber bald enttäuscht waren, weil sich die erhofften Gold- und Diamantenvorkommen nicht zeigen wollten.

Die Afrikaner nahmen von der deutschen Schutzherrschaft zunächst wenig wahr, die Herero vermissten bei den Kämpfen mit dem feindlichen Nama-Stamm der Witbooi auch die erhoffte deutsche Unterstützung. 1888 kündigte der Hereroführer Maharero den Schutzvertrag mit Deutschland und optierte für Großbritannien. Unter dem Befehl des Hauptmanns Curt von François, dessen

Truppe 1880 auf 50 Mann verstärkt wurde, erzwang eine Strafexpedition die Wiederanerkennung der deutschen Hoheit. 1892 schlossen nach jahrzehntelangem Kampf die Gegner Samuel Maharero und Hendrik Witbooi Frieden. Eine neue Front gegensätzlicher Interessen verlief nun zwischen Afrikanern und Deutschen. Die Schutztruppe wurde auf 250 Mann verstärkt, am 12. April 1893 verübte sie einen Überfall auf den Wohnsitz Hendrik Witboois. Der entkam, während 78 Frauen und Kinder in deutsche Hand gerieten und getötet wurden. Der Ort Hornkranz wurde geplündert und niedergebrannt. Die Siegesmeldungen in der Heimat veranlassten den Abgeordneten August Bebel zu der Frage im Reichstag, ob das brutale Vorgehen notwendig gewesen sei. Die Antwort lautete, die »Hottentotten« hätten sich durch ihre Frauen decken wollen, deshalb hätten so viele den Tod gefunden.[10]

Die militärische Initiative war auf Witbooi übergegangen. Er gebot über 600 Männer, hatte 300 Pferde an sich gebracht und verfügte über 400 Gewehre. Die Herrschaft der Deutschen ist jetzt, 1893, praktisch auf Windhuk beschränkt; Major Theodor Leutwein, der neue Repräsentant des Deutschen Reiches, schließt einen Waffenstillstand, weil er auf Verstärkung wartet, die im August 1894 aus Deutschland eintrifft. Am 9. September 1894 ergibt sich Witbooi, der sich im Nankluft-Gebirge verschanzt hatte, der waffentechnischen Übermacht und schließt wenig später einen Schutz- und Freundschaftsvertrag, der zehn Jahre lang in Kraft bleibt.

Der deutsche Gouverneur setzt auf Diplomatie und macht sich die immer wieder aufflammende Uneinigkeit der Afrikaner zunutze. Samuel Maharero ruft ihn gegen Opposition in den eigenen Reihen zu Hilfe, bittet Leutwein, eine deutsche Garnison im Herero-Hauptort Okahandja zu errichten, und schließt Verträge über die Grenzziehung eines »Hererolandes«, die auch »Pfändung«, d. h. Beschlagnahme von Vieh erlauben, wenn es dessen Grenzen überschreitet. Damit war die Schaffung von »Kronland« ermöglicht, in dem nur die deutschen Interessen galten; die Einschnürung der Afrikaner in Reservate hatte begonnen. Deutsch-Südwest entwickelte sich zur Siedlungskolonie, bei der deutsche Kolonisten gute Böden bewirtschafteten, den Herero schlechtes Land blieb. Aus dem Unverständnis der Herero für Eigentumsrecht und ihrem Unwillen gegenüber deutschem Streben nach Grundbesitz war die »Hererofrage« geworden. Sie wurde durch die Wegnahme von Vieh und gezielte Provokationen artikuliert. Ein Aufstand endete im Frühjahr 1896 mit der Wegnahme von 12 000 Rindern, die Anführer wurden hingerichtet, die Unterführer zu Zwangsarbeit verurteilt. Gleichzeitig erfolgte ein Zustrom deutscher Siedler. 1891 lebten 310 Deutsche als Landwirte in Deutsch-Südwest, 1903 waren es 2998. Zur Verelendung der Herero trug eine Rinderpest 1897 bei (Impfstoff gaben die deutschen Siedler nur gegen Landabtretungen). Eine Typhusepidemie folgte 1898, eine Heuschreckenplage 1899, eine Dürre 1900. Diese Katastrophen verursachten, dass viele Herero aus freien Viehzüchtern zu Lohnarbeitern wurden.[11] In deutschen Augen war die »Hererofrage« nur lösbar, wenn die Afrikaner sich dem Zwang unterwarfen, der deutschen Obrigkeit zu gehorchen, und wenn sie Verständnis für deutschen Eigentumserwerb entwickelten. Beide Forderungen wurden als ethische Prinzipien gesehen, vor dem Hintergrund der Überzeugung, die Einheimischen seien faul und müssten deutsche Arbeitsmoral erlernen. Gouverneur Leutwein suchte zur Durchsetzung dieser Grundsätze Hilfe bei den Missionaren, die sie den Herero vermitteln sollten, wie er an den Missionar Viehe im Oktober 1895 schrieb: »Wollen sie aber gutwillig dies nicht tun, dann bleiben nur zwei Möglichkeiten: Entweder die deutsche Regierung gibt das Kolonisieren unter den Hereros als aussichtslos auf oder sie befiehlt den Vernichtungskampf gegen dieselben. Wahrscheinlich wird die Entscheidung für die letztere Möglichkeit fallen.«[12]

Die Rheinische Missionsgesellschaft[13], die Stationen im ganzen Land unterhielt, stand der Landnahmepolitik der Regierung mit Reserve gegenüber, da sie ihre Interessen gefährdet sah: Wenn die Eingeborenen alles Land verlören, wäre Missionierung sinnlos. Gouverneur Leutwein übernahm, um das Tempo der Kolonisierung bestimmen zu können, 1898 die Reservatpolitik in eigene Regie. Zwei Reservate entstanden, Namaland im Süden, Hereroland im Norden. Die Pauperisierung der autochthonen Bevölkerung schritt indessen fort. 1902 besaßen 80 000 Afrikaner in Südwest noch 50 000 Rinder, einige hundert deutsche Siedler besaßen etwa ebenso viel Vieh.

Im Oktober 1903 gibt es nach dem Übergriff eines Leutnants der Schutztruppe einen Aufstand der Bondelzwaarts, eines Namastammes. Kaiser Wilhelm II. wird am 7. November durch Immediatbericht des Reichskanzlers von Bülow davon unterrichtet. In einer Randbemerkung dazu zeigt sich der Kaiser wie stets energisch: »Und bei solchen Zuständen werden Mir vom Auswärtigen Amt und Kolonialrat Herabsetzung unserer Kolonialtruppen, um Ersparnisse zu machen, vorgeschlagen: Verstärkt und erhöht müssen die werden auf ganze Bataillone, sonst laufen wir Gefahr, unseren ganzen Kolonialbesitz zu verlieren!!«[14]

Im Januar 1904 war aus den Scharmützeln mit den Bondelzwaarts ein großer Aufstand der Herero geworden. An der Spitze stand Samuel Maharero, bis vor kurzem noch Kollaborateur der Kolonialmacht, der auf Druck seiner Unterführer in den Krieg zog gegen die Enteignungspolitik der Deutschen, gegen die Rechtlosigkeit, mit der Prügelstrafen (»väterliche Züchtigung« in der Sprachregelung der Kolonialherren) verhängt wurden, gegen willkürlichen Totschlag und gegen die Otavibahn-Gesellschaft, die diagonal durch Hereroland eine Bahnlinie baute und dafür unentgeltlich die Abtretung von Land- und Wasserrechten forderte. Die ökonomische Lage, die Demütigungen, der Rassismus waren Grund genug zum Aufstand. Die Erhebung brachte im Januar praktisch ganz Hereroland in den Besitz der Aufständischen, da die deutsche Schutztruppe, etwa 750 Mann stark, noch im Süden gegen die Bondelzwaarts engagiert war. Über 100 deutsche Siedler und Soldaten fanden den Tod. Die anfänglich erfolgreichen Herero, über die in der deutschen Presse Gräuelberichte erschienen, in denen ihre Blutgier im »Rassenkrieg« in grellen Farben geschildert wurde, verloren allmählich die Initiative, weil sie den offenen Kampf suchten, während die deutsche Schutztruppe sich in befestigten Orten verschanzte und auf Verstärkung wartete. Ein grausamer Kolonialkrieg hatte begonnen, der mit Vernichtungsphantasien einherging. Ein Missionar berichtete im Februar 1904 über die Stimmung in Südwest: »Die Deutschen sind erfüllt von einem furchtbaren Haß und schrecklichem Rachedurst, ja ich möchte sagen: Blutdurst gegen die Hereros. Man hört in dieser Beziehung nichts als: ›aufräumen, aufhängen, niederknallen bis auf den letzten Mann, kein Pardon‹ etc. Mir graut, wenn ich an die nächsten Monate denke. Die Deutschen werden ohne Frage schreckliche Rache nehmen.«[15]

Noch war es, bei allen martialischen Ankündigungen und Drohungen, ein rassistischer Kolonialkrieg, der bis Juni 1904 unter dem Kommando des Gouverneurs Leutwein geführt wurde. Trotz der Verluste für die deutsche Seite versuchte Leutwein nicht nur militärisch, sondern auch diplomatisch zu agieren, was ihm in Berlin als Schwäche ausgelegt wurde. Gegenüber der Kolonialabteilung des Auswärtigen Amtes verteidigte er seine Strategie des Abwartens und Verhandelns, bis Verstärkung aus Deutschland eintreffen würde: »Was nun die künftigen Unterwerfungsbedingungen betrifft, so stimme ich mit der hohen Abteilung darin überein, daß es für die Hereros nach allen ihren Untaten nichts anderes mehr geben kann als bedingungslose Übergabe. Auf der anderen Seite kann ich mich auch nicht mit denjenigen unüberlegten Stimmen einverstanden erklären, welche die Hereros nunmehr vollständig vernichtet sehen wollen. Abgesehen davon, daß ein Volk von 60 000 bis 70 000 Seelen sich nicht so leicht vernichten läßt, würde ich eine solche Maßregel für einen schweren wirtschaftlichen Fehler halten. Wir bedürfen der Hereros noch als kleine Viehzüchter und besonders als Arbeiter. Nur politisch tot muß das Volk gemacht werden. Wenn es einigermaßen zu erreichen ist, so dürfen sie keine Stammesregierung mehr besitzen und müssen in Reservate eingedämmt werden, welche für ihre Bedürfnisse gerade ausreichen«.[16]

Im April 1904 entging Leutwein einer katastrophalen Niederlage nur durch hastigen Rückzug. Der Generalstab in Berlin rügte ihn wegen seines militärischen Misserfolgs und entband ihn des Kommandos (das betraf zunächst nicht seine zivile Funktion als Gouverneur). Mit der Ankunft des Generalleutnants Lothar von Trotha, der dem Kaiser unmittelbar unterstellt war und Weisungen vom Chef des Generalstabs in Berlin erhielt, trat im Juni 1904 der Krieg gegen die Herero nicht nur in eine neue Phase ein. Er hatte von nun an den Charakter des Vernichtungskrieges, des Genozids.

Trotha und Leutwein trafen sich im Juni in Okahandja. Sie waren im Grund einig über das Kriegsziel, die völlige Unterwerfung und Expropriation der Herero, aber Leutwein setzte, wie bisher, auch auf Verhandlungen; er erstrebte nicht die Vernichtung des Gegners, weil sie die Kolonie wertlos machen würde. Trotha, schon im Kampf gegen Rebellen in Ostafrika und China wegen seiner Brutalität aufgefallen – er hatte sich dort den Ruf des »Schlächters« erworben –, war stolz auf sein Konzept der Gewalt, mit dem er sich in einem Brief an Leutwein bei späterer Gelegenheit brüstete: »Ich kenne genug Stämme in Afrika. Sie gleichen sich alle in dem Gedankengang, daß sie nur der Gewalt weichen. Diese Gewalt mit krassem Terrorismus und selbst mit Grausamkeit auszuüben, war und ist meine Politik. Ich vernichte die aufständischen Stämme mit Strömen von Blut und Strömen von Geld«.[17] Im Gegensatz zu den Hereros, die Frauen und Kinder schonten, machten die Deutschen keine Gefangenen, auch wenn die ›Deutsche Kolonialzeitung‹ schrieb, »daß der deutsche Charakter überhaupt nicht zu Grausamkeiten und Rohheiten geneigt sei«[18], dass es sich also um Gräuelmeldungen handeln müsse. Schon im März 1904, vor der Ankunft Trothas in Deutsch-Südwest, hatte August Bebel im Reichstag die Methoden der Kriegführung angeprangert, ebenso die Lynchjustiz deutscher Siedler gegen Afrikaner, die zur Rechtfertigung als »Viehdiebe und Marodeure« charakterisiert wurden. Missionare bestätigten die Vorgänge, die auch Gouverneur Leutwein nicht abstreiten konnte.[19]

Die Entscheidung des Krieges und seine Wendung zum Genozid

vollzog sich im Sommer am Waterberg-Plateau. Die deutsche Streitmacht, etwa 1500 Soldaten, 100 Offiziere mit 12 Maschinengewehren und 28 Kanonen, traf am 11. August 1904 am Waterberg auf die Herero-Krieger, die in der Schlacht besiegt und zur Flucht in die Omaheke-Wüste gedrängt wurden, wo Tausende – Männer, Frauen, Kinder – verdursteten.[20] Trotha hatte zwar nicht mit dem Ausbruch der Herero aus dem Kessel gerechnet, in dem er sie vernichten wollte, aber auch die Flucht ließ sich strategisch in diesem Sinne nutzen, wenn den Herero der Rückweg abgeschnitten wurde.

Dass Ausrottung das Ziel der deutschen Strategie war, geht aus der amtlichen Darstellung des Krieges hervor, in der es heißt: »Die wasserlose Omaheke sollte vollenden, was die deutschen Waffen begonnen hatten: die Vernichtung des Herereovolkes«.[21] Deutsche Truppen verfolgten die Herero, trieben sie immer tiefer in die Wüste und riegelten bis Mitte des Jahres 1905 die Fluchtwege ab. Die Proklamation des deutschen Oberbefehlshabers wird als Schlüsseldokument in der Literatur häufig zitiert. Trotha verlas nach einem Feldgottesdienst den Text seines Aufrufes »an das Volk der Herero« am 2. Oktober 1904 persönlich:

»Ich der große General der Deutschen Soldaten sende diesen Brief an das Volk der Herero. Die Herero sind nicht mehr deutsche Untertanen. Sie haben gemordet und gestohlen, haben verwundeten Soldaten Ohren und Nasen und andere Körperteile abgeschnitten und wollen jetzt aus Feigheit nicht mehr kämpfen. Ich sage dem Volk: Jeder der einen der Kapitäne an eine meiner Stationen als Gefangenen abliefert, erhält 1000 Mark, wer Samuel Maharero bringt, erhält 5000 Mark. Das Volk der Herero muß jedoch das Land verlassen. Wenn das Volk dies nicht tut, so werde ich es mit dem Groot Rohr [kapholländisch Geschütz, Kanone] dazu zwingen. Innerhalb der deutschen Grenze wird jeder Herero mit oder ohne Gewehr, mit oder ohne Vieh erschossen, ich nehme keine Weiber und Kinder mehr auf, treibe sie zu ihrem Volke zurück, oder lasse auf sie schießen.

Dies sind meine Worte an das Volk der Herero.

Der große General des mächtigen Deutschen Kaisers.

Dieser Erlaß ist bei den Appels den Truppen mitzuteilen mit dem Hinzufügen, daß auch der Truppe, die einen der Kapitäne fängt, die entsprechende Belohnung zuteil wird und daß Schießen auf Weiber und Kinder so zu verstehen ist, daß über sie hinweggeschossen wird, um sie zum Laufen zu zwingen. Ich nehme mit Bestimmtheit an, daß dieser Erlaß dazu führen wird, keine männlichen Gefangenen mehr zu machen, aber nicht zu Grausamkeit gegen Weiber und Kinder ausartet. Diese werden schon fortlaufen, wenn zweimal über sie hinweggeschossen wird. Die Truppe wird sich des guten Rufes der Deutschen Soldaten bewußt bleiben.«[22]

Der Schießbefehl Trothas wurde nach einigen Wochen auf Weisung von Berlin aufgehoben, weil man die Reaktionen der internationalen Presse fürchtete; die Schutztruppe wurde Ende des Jahres 1904 auch andernorts gebraucht, weil die Nama im Süden der Kolonie rebellierten und einen langwierigen Guerillakrieg führten. Die Intentionen des Generals von Trotha stießen bei seinen Vorgesetzten in Berlin aber keineswegs auf Kritik. Anfang Oktober hatte Trotha dem Chef des Generalstabs geschrieben, seine genaue Kenntnis vieler afrikanischer Stämme habe ihm vor Augen geführt, »daß sich der Neger keinem Vertrag, sondern nur der rohen Gewalt beugt«. Deshalb halte er es für richtiger, »daß die Nation in sich untergeht, und nicht noch unsere Soldaten infiziert und an Wasser und Nahrungsmitteln beeinträchtigt. Außerdem würde irgendeine Milde von meiner Seite von Seiten der Herero nur als Schwäche aufgefaßt werden. Sie müssen jetzt im Sandfeld untergehen ... Dieser Aufstand ist und bleibt der Anfang eines Rassenkampfes ...«[23]

Generalstabschef Alfred Graf von Schlieffen machte sich im November 1904 in einem Bericht an den Reichskanzler die Argumentation Trothas zu eigen, auch wenn er die Methoden im einzelnen kritisierte: »Mit Aufständischen kann aber ein Friedensschluß nur in ihrer bedingungslosen Unterwerfung bestehen. Zu einer solchen scheint aber bis jetzt weder die ganze Nation noch ein so kleiner Teil entschlossen zu sein.« Trotha habe zu geringe Kopfpreise auf die Führer der Hereros ausgesetzt, kritisierte Schlieffen, und die Proklamation mit dem Schießbefehl hielt er lediglich für unrealisierbar: »Daß er die ganze Nation vernichten oder aus dem Lande treiben will, darin kann man ihm beistimmen. Ein Zusammenleben der Schwarzen mit den Weißen wird nach dem, was vorangegangen ist, sehr schwierig sein, wenn nicht erstere dauernd in einem Zustand der Zwangsarbeit, also einer Art von Sklaverei, erhalten werden. Der entbrannte Rassenkampf ist nur durch Vernichtung oder vollständige Knechtung der einen Partei abzuschließen. Das letztere Verfahren ist aber bei den jetzt gültigen Anschauungen auf die Dauer nicht durchzuführen. Die Absicht des Generals von Trotha kann daher gebilligt werden. Er hat nur nicht die Macht, sie durchzuführen«.[24] Reichskanzler Bernhard Fürst von Bülow wies am 11. Dezember 1904 Generalleutnant von Trotha an, »Konzentrationslager für die einstweilige Unterbringung und Unterhaltung der Reste des Hererovolkes« einzurichten. Die KZ waren durch die physischen und psychischen Bedingungen, das Klima und die fehlende Hygiene ein neues Mittel vernichtender Kriegführung gegen Wehrlose.

Die Bedeutung des Kolonialkrieges in Deutsch-Südwestafrika liegt über seine Ereignisgeschichte hinaus in der Entgrenzung des Denkens, was in der öffentlichen Meinung, in Publizistik und Literatur Niederschlag fand: Über den militärischen Sieg und die Unterwerfung des Gegners hinaus wurde die Ausrottung von Minderheiten (definiert durch »Rasse« und Distanz) propagiert als vermeintliche Notwendigkeit zum eigenen Wohl. Die über Feindbilder agierten Denkfiguren vom »Rassenkrieg« und Völkermord entwickelten sich zum Genre in Literatur und Publizistik, das Wege bereitete und wirkungsmächtig genozidales Denken einübte.[25]

Frauen teilten den martialischen und rassistischen Blick der wilhelminischen Gesellschaft auf die Vorgänge in den Kolonien. Kolonialliteratur und Kolonialpropaganda war auch eine weibliche Domäne. Die produktivste Schriftstellerin auf diesem Gebiet war Adda von Liliencron. Sie veröffentlichte zwischen 1905 und 1913 mindestens elf Werke zum Krieg in Südwestafrika, unter Titeln wie ›Unsere Braven. Fünf Bilder aus dem Leben unserer braven Truppe in Südwestafrika‹ (1905), im gleichen Jahr noch ›Kriegsklänge der kaiserlichen Schutztruppe in Deutsch-Süd-Westafrika‹ und das Stück ›In Afrika: Zeitbilder in zwei Aufzügen‹. 1907 erschienen von ihr unter anderem ›Heiße Arbeit unter heißer Sonne. Bilder aus dem südwestafrikanischen Feldzug‹ und ›Der Entscheidungskampf am Waterberg. Nach Briefen von Mitkämpfern und mit Benützung der Veröffentlichungen des Generalstabs‹.

Freifrau von Liliencron (1844–1913), Tochter des preußischen Generals von Wrangel, verheiratet seit 1864 mit dem Berufsoffizier Karl von Liliencron, lebte in Charlottenburg, seit 1874 auf einem Gut bei Görlitz, ab 1907 bei Posen, zuletzt in Berlin. Von 1907 bis 1909 war sie Vorsitzende, bis zu ihrem Tod 1913 Ehrenvorsitzende des Deutschen Kolonialen Frauenbundes. Wie Gustav Frenssen war die patriotische Militärschriftstellerin nie in Afrika gewesen, trotzdem brachte sie – es war das Zeitalter Karl Mays – detailgetreue und scheinbar minutiös beobachtete Schilderungen zu Papier wie diese: »Wie erleichtert atmen unsere braven Reiter auf, wenn sie in glühender Sonne über Klippengeröll oder Dünensand geritten sind und die Pad dann durch den schattenspendenden Dornbusch führt. Dabei ist es noch ein geradezu entzückender Anblick, sobald der Dornbusch blüht. Die Zweige mit den dunkelgrünen, kurzstieligen Blättern drängen sich dicht aneinander, lange schneeweiße Dornen lugen daraus vor, und ein gelbes Blütenmeer ist darüber ausgeschüttet. So manche dieser Dornblüten haben auch einen herrlichen Duft an sich. Ernste Schwierigkeiten macht aber dieser im Dornenlande allgemein verbreitete Busch bei der Führung eines Gefechts, wo er jede Übersicht oft unmöglich macht; auch trägt meist er die Schuld daran, wenn wir in der Heimat den einen oder den anderen Namen lesen und dann das Wort ›vermißt‹ dabei steht. Wer von der Truppe abkommt und in dichten Busch gerät, verirrt sich nur zu leicht.«[26]

Adda von Liliencron schrieb und kompilierte ihre Prosa in patriotischer Manier, sie übernahm Passagen aus der offiziellen Kriegsgeschichtsschreibung[27] im Wortlaut, garnierte sie mit Briefen, die sie als Dank für die Liebesgaben erhielt, die der Koloniale Frauenbund an die Front in Afrika gesandt hatte, fügte solchem Gerippe aus authentischem Material Naturschilderungen, pathetische Kolonialbegeisterung, martialische Heldenepik hinzu und bettete das Ganze in eine triviale Handlung von Liebe, Verwirrung, frühem Leid und Erlösung nach dem Schema »junger Mann besteht in der Kolonie Deutsch-Südwest Gefahren, während sein Mädchen um ihn bangt«. Zum Happy End vereinigen sich die Tugenden der deutschen Frau mit denen des deutschen Kriegers in gemeinsamer vaterländischer Gesinnung: ›Nach Südwest-Afrika‹, der erste Band der Romantrilogie Adda von Liliencrons, schließt damit, dass sich der Unteroffizier Lund und Leutnant von Wilbert gegenseitig Glück wünschen, der eine hat seine Anneliese in der Kolonie gefunden, der andere hat Nachricht aus der Heimat, daß Erika seine Braut werden will. »Wir zwei haben uns im Kriege die Braut gewonnen, aber das macht nicht weichlich, nur freudiger. Wir wissen, nun begleitet uns unser Liebstes im Geist mit hinaus. Da wollen wir jetzt beweisen, daß wir zu kämpfen wissen und Treue halten können«.[28]

Man darf die Schriftstellerei der Adda von Liliencron keineswegs marginalisieren. Stilistisch in der Nähe von Eugenie Marlitt und Friederike Kempner, dem »Schlesischen Schwan«, oder Hedwig Courths-Mahler angesiedelt, trug sie die rassistische Botschaft von der Überlegenheit der Deutschen in hohen Auflagen unters Volk und warb für den Kolonialgedanken mit Gedichten, Theaterstücken und Erzählungen in einmaliger Mischung aus militaristischem Schlachtengetöse und weiblicher Innigkeit. Nicht nur die wilhelminische Gesellschaft, für die diese Offiziersgattin schrieb, war für ein solches Amalgam aufnahmebereit, sie bestellte den

Boden für kommende Generationen, die sich dankbar an die Pionierin erinnerten.[29]

Zu der Kolonialliteratur, wie sie Gustav Frenssen und Adda von Liliencron (um nur die bekanntesten Vertreter des Genres zu nennen) hervorbrachten, kam eine Flut von militärischen Erinnerungen und Berichten aus dem Siedlerleben in Deutsch-Südwest; sie dienten der Einübung genozidalen Denkens, das sich im Recht einer vermeintlich höherwertigen Rasse konstituierte, mit Menschen angeblich minderer Wertigkeit, die deshalb zur Unterwerfung verpflichtet und ohne genuine Rechte definiert wurden, nach Belieben zu verfahren. Die Wahrnehmung des Krieges in Südwestafrika gegen die autochthone, nicht unterwerfungswillige Bevölkerung als berechtigte Strafaktion gegen Unbotmäßige wurde mit solchen Traktaten dauerhaft eingeübt. Im genozidalen Denken, also in der Überzeugung, dass Menschen auf Grund ethnischer, zivilisatorischer oder kultureller Unterschiede als Kollektiv vernichtet werden dürfen, wenn sie Unterordnung, Ausbeutung, Versklavung (praktiziert unter beliebigem ideologischem Anspruch) verweigern, liegt eine der Kontinuitäten des 20. Jahrhunderts, die noch zu wenig erkannt sind. In diesem Denken spielten auch Geschlechtsspezifika eine oft unterschätzte Rolle, deren Bedeutung die Lektüre der Werke der Schriftstellerin Liliencron erkennen hilft: Die weiße Frau als Botschafterin deutscher Sitte und Moral, die in völligem Einklang mit den herrschenden politischen Zielen Machtpositionen durchsetzen hilft.[30]

Der dritte Band der Romantrilogie ›Bis in das Sandfeld hinein‹ schließt mit der emotionslosen Feststellung: »Der Kampf mit den Hereros war beendigt, denn ihr Rückzug in das trostlose Sandfeld der Omaheke wurde zu ihrem Verhängnis, die Flucht in das öde wasserlose Gebiet wurde für sie ein Zug des Todes. Die Hereros hatten aufgehört, ein selbständiger Volksstamm zu sein.«[31] Das ist ganz und gar die Diktion der Vorlage, aus der Adda von Liliencron hemmungslos abschrieb, der kriegsgeschichtlichen Darstellung des Generalstabs.

Die unreflektierte Übernahme der militaristischen und rassistischen Denkfiguren, dann, nach dem Ersten Weltkrieg, die trotzige Konservierung des Kolonialgedankens in nostalgischer Verklärung bereiteten den Weg zur Akzeptanz der genozidalen Politik der Nationalsozialisten. Vor allem darin liegt die Bedeutung trivialer Literatur, wie sie Adda von Liliencron, Gustav Frenssen und viele andere zur Pflege des Kolonialgedankens veröffentlichten, eine Literatur, die ohne Unterbrechung von der Wilhelminischen Zeit bis ins Dritte Reich Konjunktur hatte.

Ein anderer Überlieferungsstrang, die autobiografische Darstellung mit Deutungsanspruch, hatte ebenfalls weitreichende Wirkungen. Dem zeitgenössischen öffentlichen Interesse am Kolonialkrieg korrespondierte der Mitteilungsdrang deutscher Siedler in Südwestafrika, die sich gern in der Presse, aber auch in Traktaten, später in Erinnerungen als Sachverständige zu Wort meldeten. Die ›Vossische Zeitung‹ zitierte ausführlich einen Artikel der angesehenen ›Kölnischen Zeitung‹, in dem die Zukunft der am Waterberg geschlagenen Herero erörtert wurde: »Mit dem Mördervolk der Herero als Volk muß aufgeräumt werden. Das hat sogar Gouverneur Leutwein im Februar auf der Durchreise in Karibib einer Versammlung von Ansiedlern erklärt. Es ist ihnen alles Land und Vieh zu nehmen, um damit die geschädigten Ansiedler zu entschädigen. Das Land am Waterberg insbesondere muß zu einer Kulturstätte ersten Ranges für und durch Weiße umgeschaffen werden. Auf diese Weise wird man den Ermordeten vom 14. Januar und den Gefallenen vom 11. August das zweckmäßigste Denkmal setzen ... Auch hoffen wir, daß man bei der Wegnahme der Ländereien vor dem Besitz der sogenannten christlichen Hererogemeinde von Waterberg nicht Halt machen wird, denn die Herero sind aus dem Buche des Christentums gelöscht. Eine Stammesorganisation darf bei den Herero nicht mehr geduldet werden, sondern die Übrigbleibenden sind in kleine Trupps aufzulösen und wenn möglich der Aufsicht eingeborener Häuptlinge anderer Rasse, wie z. B. des treugebliebenen Bergdamaras Kornelius von Okombahe, in

Reservaten zu unterstellen. Aus diesen Reservaten sollen sie dahin gebracht werden, wo man ihrer Arbeitsleistung für gemeinnützige Arbeiten, namentlich Wege-, Eisenbahn- und Wasserbauten, bedarf. Sehr vorteilhaft wäre es, wenn man sie in kleinen Arbeiterscharen nach dem Süden brächte, wo hoffentlich in den nächsten Zeiten die von Ingenieur Kuhn vorgeschlagenen Staubecken in Angriff genommen werden. Dort befänden sie sich gewissermaßen in fremdem Lande, unter den Hottentotten und Bastards, und würde ihr Herrenstolz, mit dem sie geringschätzig auf die Deutschen herabsahen, nach Gebühr gedemütigt werden. Erweist sich die Zahl der übrig gebliebenen Hereroweiber als zu groß für den jetzigen Stamm, so überweise man den treugebliebenen Bergdamara eine Anzahl davon. Dem steht nach eingeborner Anschauung über Recht und Sitte nichts entgegen. Diejenigen Herero aber, die bei gemeinnützigen Arbeiten nicht verwendet werden können, überweise man unter bestimmten Bedingungen den Farmern. Aber wo sie auch immer beschäftigt werden, sei es nur gegen Nahrung und Unterkunft, ohne Lohn, und ohne Kleider, Tabak und sonstige Genußmittel. Daß man die Führer des Aufstandes kurzweg henkt, dürfen wir mit Bestimmtheit erwarten.«[32]

Die Erwartungen waren ebenso bestimmt, wie das Publikum informiert war, welches Schicksal die in der Wüste Verdurstenden erlitten und wodurch es herbeigeführt war. Von einer Tarnung des genozidalen Handelns war gar keine Rede, möglicherweise schon deshalb nicht, weil im Bewusstsein der weißen Herrenmenschen der Terminus Unrecht für die Behandlung der Angehörigen der »minderen Rasse« nicht vorkam.

Ein Siedler aus Deutsch-Südwest namens Schlettwein, der auch Mitglied einer Abordnung war, die in Berlin ihre Vorstellungen vortrug, veröffentlichte eine Broschüre, in der er politische Lehren aus dem Hererokrieg propagierte. Die ›Vossische Zeitung‹ lobte das Traktat, es sei klar und überzeugend geschrieben und verrate in jedem Satz, dass der Verfasser ernsten und aufmerksamen Blickes die Entwicklung der Verhältnisse verfolgt habe.

Der sozialdemokratische ›Vorwärts‹ teilte die Einschätzung der liberalen ›Vossischen Zeitung‹ nicht, nannte vielmehr die Schrift eine »wahrhaft Grausen erregende Darlegung«. Zum Beweis der in der kolonialen Begeisterung zum Ausdruck kommenden Verwilderung des Denkens zitierte der ›Vorwärts‹ die folgende Passage: »Wir stehen heute mit unsrer Kolonialpolitik am Scheidewege, nach der einen Seite das Ziel: Gesunder Egoismus – praktisches Kolonisieren, nach der andren Seite: Uebertriebene Menschlichkeit und vager Idealismus – unvernünftige Gefühlsduselei. Die Herero müssen jetzt zunächst besitzlos gemacht werden, es darf auch nicht geduldet werden, daß sich wieder sogenannte Kapitäne an die Spitze stellen. Zu diesem Zweck müßten die jetzigen Häuptlingsfamilien beseitigt werden: Die Männer, als Sühne für die nicht zu beschreibenden Greuelthaten mit dem Tode bestraft, die Weiber, wenigstens die Schwestern der Kapitäne und deren Kinder, in Staatsgewahrsam abgeführt werden; denn das Volk muß nicht nur als solches unmöglich gemacht, es müssen auch alle, jedes Nationalgefühl wieder erweckenden Faktoren beseitigt werden. Man muß den Herero jetzt zur Arbeit zwingen, und zwar zunächst zu einer Arbeit ohne Entschädigung, nur für Beköstigung. Sache der Regierung ist es, für Arbeit zu sorgen, und ein Armutszeugnis würde es für diese sein, wollte sie sagen: In der Kolonie ist keine Beschäftigung ... Sollte wirklich für die große Menge des Volkes doch nicht genügend Arbeit vorhanden sein, so mag man die Leute getrost als Plantagenarbeiter in unsre tropischen Kolonien, eventuell auch nach Südafrika in die Minen abgeben. Eine jahrelange Zwangsarbeit ist nur eine gerechte Strafe und dabei die einzig richtige Erziehungsmethode.«

Der Verfasser des Pamphlets, das mit Formulierungen wie »das Volk müsse unmöglich gemacht werden« genozidalem Denken den Weg bahnte, plädierte dann engagiert für die Unterdrückung humanitärer Empfindungen: »Das Gefühl christlicher Nächstenliebe sowie die Agitation der durch sie geleiteten Missionspartei muß zunächst mit aller Energie zurückgewiesen werden. Was die mehr denn 60jährige Arbeit der Hereromission für einen Erfolg gehabt hat, hat jetzt die Welt gesehen. Gerade die sogenannten christlichen Hereros haben in vielen Fällen die unaussprechlichsten Roheiten und Schändungen an ihren Opfern verübt. Selbst die ältesten Missionare haben es nicht verhindern können, daß vor ihren Augen Leute, die sich zu ihnen geflüchtet haben, ermordet wurden. Trotzdem aber darf man nun nicht, wie es geschehen ist, den Missionaren allein die Schuld am Aufstand zuschieben oder dieselben gar der Verräterei beschuldigen wollen, weil sie, wie man schrieb, ruhig in ihren Häusern sitzen geblieben sind ...«[33]

Die Heroisierung des Kolonialkrieges war quasi Pflichtübung, die mit Überzeugung ausgeführt und mit vaterländischer Emotion und zeitgeistkonformer Kriegsbegeisterung aufgenommen wurde. In ›Reclams Universum‹, einer »Weltrundschau«, erschien im März 1914 zum Jubiläum der Schutztruppe in Deutsch-Südwestafrika der Artikel eines Hauptmanns von Perbandt, der die Ereignisse aus der Perspektive der Schutztruppe schildert: »In dieser nun folgenden, mehrere Jahre dauernden Kriegsperiode, die die Kolonie aus des Abgrunds Nacht zu neuer Morgenröte und zu hell erwachendem Tage führte, sind eine solche Menge wundervoller soldatischer Taten vollbracht worden, daß ich bedaure, sie hier nicht alle nennen zu können. Ich behaupte aber, daß die ca. 600 Millionen Mark, die die Niederwerfung des Aufstandes dem Reiche gekostet hat, nicht umsonst bezahlt worden sind, zeigten diese Kämpfe doch, welch ein tapferes, kameradschaftlich erzogenes, zu jeder Mühsal bereites Offiziers- und Soldatenmaterial wir in unserem Heere besitzen. Und ich glaube, daß diese Gewißheit uns für die Zukunft mehr wert ist als die 600 Millionen Mark, die nebenbei noch zu einem guten Teil der Kolonie zu dauerndem Vorteil gereicht haben.«[34]

In der nationalen politischen Kultur des seit 1990 unabhängigen Namibia hat der Kampf der Herero gegen die koloniale Unterdrückung hohen Rang.[35] Jährlich im August findet beim »Herero-Tag« in Okahandja am Grab Samuel Mahareros ein zeremonielles Totengedenken statt, mit einer Prozession und der szenischen Darstellung der Kämpfe. Es ist das wichtigste politische öffentliche Ritual in Namibia und Zeichen dafür, dass der Völkermord auch ein Jahrhundert danach lebendige Erinnerung ist. Die nationale Identität wird mit der Erinnerung an den Völkermord konstruiert. Bei den säkularen Feierlichkeiten des Jahres 2004 war die deutsche Regierung präsent; der deutsche Außenminister bekannte sich im deutschen Namen zur kolonialen Schuld. Der Hinweis auf deutsche Entwicklungshilfe, die tatsächlich nach Namibia reichlicher fließt als in andere Regionen, diente aber auch zur Abwehr von Entschädigungsforderungen. Und der kleine Friedhof am Waterberg ist mit einem Kranz des Volksbunds Deutsche Kriegsgräberfürsorge geschmückt, der die Widmung trägt »Zu Ehren der tapferen Herokämpfer«.

Der Krieg gegen die Herero war nicht der einzige, auch nicht der verlustreichste Kolonialkrieg, den Deutschland führte. Der Maji-Maji-Krieg in Deutsch-Ostafrika[36], der am 20. Juli 1905 mit einem Überfall auf eine Baumwollplantage beginnt, mit der Kapitulation der Aufständischen im Januar 1906 und drakonischen Strafaktionen sowie Zwangsarbeit seinem Ende entgegengeht, das aber erst am 18. Februar 1907 offiziell von der Kolonialverwaltung verkündet wird, kostet nach Schätzungen bis zu 250 000 Menschenleben. Der Krieg hat seinen Namen vom Kisuaheli-Wort für Wasser: Der Zauberer Kinjiktile Ngwale bereitete eine Medizin, die unverwundbar machen sollte gegen deutsche Gewehre. Deren Kugeln, so glaubten viele, würden abperlen wie Tropfen, wenn man den Zaubertrank genommen hat.[37]

Grund zur Erhebung gegen die deutsche Herrschaft, die in Ostafrika mithilfe einheimischer Söldner, der Askari, ausgeübt wird, gibt es genug: Arroganz, schlechte Behandlung und die drückenden Abgaben, die der Gouverneur Gustav Adolf Graf von Goetzen als Hütten- oder Kopfsteuer verhängt und erhöht, um der Kolonial-Verwaltung in Berlin Gewinn aus dem Engagement in Afrika vorzuspiegeln. Eine afrikanische Erinnerung an deutsches Regime steht für viele: »Ich werde die Härte der deutschen Herrschaft nie vergessen ... Wir schleppten alle Lasten auf unseren Köpfen ... Wir schleppten auch die Deutschen selbst, die uns ständig schlugen, wenn wir das kleinste Zeichen von Müdigkeit zeigten ... Wir bebauten die Felder der Deutschen, unser Verdienst wurde uns dann abgenommen von den Deutschen, die sagten, wir müßten Steuern bezahlen. Wir bekamen nur sehr wenig Geld, um die Dinge, die wir brauchten, kaufen zu können. Auspeitschungen waren ganz normal unter der Herrschaft der Deutschen. Du trugst eine Last. Das war an sich schon Strafe genug, aber es war nicht genug, du bekamst Peitschenhiebe an die Beine, 25 Hiebe auf eine Hinterbacke und 25 Hiebe auf die andere – das machte 50, die übliche Anzahl«.[38]

Im Maji-Maji-Krieg waren die Methoden anders als im Herero-Krieg, und eine völkermörderische Absicht der Militärs ist ebensowenig nachzuweisen wie die genozidale Phantasie des Publikums, die die Ereignisse in Deutsch-Südwest charakterisiert. Als Mittel der Kriegführung dienten in Ostafrika Hunger, Epidemien, Verelendung und Zerstörung sozialer Strukturen, hervorgerufen durch die Taktik der verbrannten Erde: Die Verwüstung von Dörfern und Feldern führte das Kriegsziel herbei, das Ende des Aufstands durch Erschöpfung der Aufständischen. Wirkungen und Folgen sind noch bis in die Gegenwart Tansanias nachzuzeichnen. Ob der Kolonialkrieg in Ostafrika auch ein Genozid war, darüber lässt sich streiten. Rassismus und Verfügungsanspruch der Deutschen sind zumindest Indizien, auch wenn die ultimative Vernichtungsabsicht gefehlt haben mag.

Es wäre so schief wie banal, die Politik der deutschen Kolonialmacht gegenüber der autochthonen afrikanischen Bevölkerung als unmittelbare Vorgeschichte des Holocaust zu begreifen. Weder war die deutsche Reaktion auf den Herero-»Aufstand« singulär im Vergleich mit der »Eingeborenenpolitik« anderer Kolonialmächte, noch lassen sich argumentative Parallelen als Beweise für eine Entschlussbildung zum Völkermord konstruieren. Die Methoden des Genozids an der afrikanischen Bevölkerung waren in erster Linie militärische Handlungen: bewaffnete Aktion (wobei der Feldzug freilich auch gegen die die Krieger begleitenden Frauen und Kinder geführt wurde), Angriff und Verfolgung, Gefangennahme und Misshandlung im Konzentrationslager unter militärischer Kontrolle. Es gab beim Genozid in Deutsch-Südwest weder einen eigenen Vernichtungsapparat noch das Moment der Tarnung, und es gab keine Argumentation. Die Schuld der Herero an ihrem Schicksal war nach europäischem Verständnis ganz klar: Sie hatten sich als Primitive der gottgewollten Ordnung, nämlich der Unterwerfung unter die Dominanz des Weißen Mannes, widersetzt und mussten dafür bestraft werden. Für solche axiomatischen Annahmen, auf der die gesamte Berichterstattung über den Krieg in Südwestafrika basierte, brauchten die Zeitgenossen keine Beweise: Die Überlegenheit der weißen Rasse galt als so selbstverständlich wie die daraus abgeleiteten Rechte der Landnahme, der Herrschaft und der Gewaltausübung bis hin zum Genozid.[39]

Anmerkungen

[1] Gustav Frenssen (1863–1945) veröffentlichte 1896 den ersten Roman ›Die Sandgräfin‹, dann drei Bände ›Dorfpredigten‹, 1901 den Roman ›Jörn Uhl‹ und viele weitere. Sein Roman ›Otto Babendick‹ (1926) erregte noch das Interesse von Arno Schmid, als »exemplarischer Text literarischer und gesellschaftlicher Anti-Moderne«. Nach 1933 stellte Frenssen sein Schaffen bedingungslos in den Dienst nationalsozialistischer und antisemitischer Propaganda, er erhielt 1933 den Raabe-Preis, 1938 die Goethe-Medaille und weitere Ehrungen.

[2] Ausgabe 1944 im 384. bis 433. Tausend, eine Neuauflage erschien 2001 in Göttingen.

[3] Frenssen, Peter Moor, S. 9.

[4] Frenssen, Peter Moor, S. 79.

[5] Ebenda, S. 181 f.

[6] Ebenda, S. 160.

[7] Ebenda, S. 172.

[8] Ebenda, S. 125.

[9] Verdienstvoll ist trotz ihrer marxistischen und anklägerischen Diktion immer noch die erstmals auf Akten des Reichskolonialamts gestützte Arbeit: Horst Drechsler, Aufstände in Südwestafrika. Der Kampf der Herero und Nama 1904 bis 1907 gegen die deutsche Kolonialherrschaft, Berlin (Ost) 1984 (zuerst unter dem Titel: Südwestafrika unter deutscher Kolonialherrschaft, Berlin 1966); ferner Walter Nuhn, Sturm über Südwest. Der Hereroaufstand von 1904 – Ein düsteres Kapitel der deutschen kolonialen Vergangenheit Namibias, Koblenz 1989; Jürgen Zimmerer, Deutsche Herrschaft über Afrikaner. Staatlicher Machtanspruch und Wirklichkeit im kolonialen Namibia, Hamburg 2001; Gesine Krüger, Kriegsbewältigung und Geschichtsbewußtsein. Realität, Deutung und Verarbeitung des deutschen Kolonialkriegs in Namibia 1904 bis 1907, Göttingen 1999; Jürgen Zimmerer und Joachim Zeller (Hrsg.), Völkermord in Deutsch-Südwestafrika. Der Kolonialkrieg (1904–1908) in Namibia und seine Folgen, Berlin 2004; Joachim Zeller, »Wie Vieh wurden hunderte zu Tode getrieben und wie Vieh begraben.« Fotodokumente aus dem deutschen Konzentrationslager in Swakopmund/Namibia 1904–1908, in: Zeitschrift für Geschichtswissenschaft 49 (2001), S. 226–243.

[10] Vgl. Helmut Bley, Kolonialherrschaft und Sozialstruktur in Deutsch-Südwestafrika 1894–1914, Hamburg 1968, S. 19; Jürgen Zimmerer, Deutsche Herrschaft über Afrikaner. Staatlicher Machtanspruch und Wirklichkeit im kolonialen Namibia, Hamburg 2001, S. 15 ff.

[11] Vgl. Jan Bart Gewald, Towards Redemption. A Socio-political History of the Herero of Namibia between 1890 and 1923, Leiden 1996, S. 138 ff.

[12] Leutwein an Viehe 22. 10. 1895, zit. nach Drechsler, Aufstände, S. 37.

[13] Vgl. Nicole Glocke, Zur Geschichte der Rheinischen Missionsgesellschaft in Deutsch-Südwestafrika unter besonderer Berücksichtigung des Kolonialkrieges von 1904 bis 1907, Bochum 1997.

[14] Zit. nach Drechsler, Aufstände, S. 43.

[15] Missionar Eiger an die Rheinische Missionsgesellschaft, 10. 2. 1904, zit. nach Drechsler, Aufstände, S. 66.

[16] Leutwein an Kolonialabteilung Auswärtiges Amt, 23. 2. 1904, zit. nach Drechsler, Aufstände, S. 68.

[17] Trotha an Leutwein, 5. 11. 1904, zit. nach Drechsler, Aufstände, S. 73.

[18] Ebenda, S. 72.

[19] Ebenda, S. 72 f.; vgl. Horst Kühne, Die Ausrottungsfeldzüge der »Kaiserlichen Schutztruppen in Afrika« und die sozialdemokratische Reichstagsfraktion, in: Zeitschrift für Militärgeschichte 18 (1979), S. 206–216.

[20] Die militärischen Ereignisse sind ausführlich beschrieben bei Nuhn, Sturm über Südwest, S. 232 f.; vgl. Zimmerer, Deutsche Herrschaft, S. 32 f.

[21] Zit. nach Nuhn, Sturm, S. 282.

[22] Trotha, Kommandeur der Schutztruppe, Osomba-Windembe, 2. 10. 1904, Abschrift u. a. Bundesarchiv Militärarchiv Freiburg, hier zit. nach Nuhn, Sturm, S. 362, s. a. ebenda, S. 282.

[23] Bundesarchiv, Akten des Reichskolonialamtes.

[24] Schlieffen an Reichskanzler von Bülow, 23. 11. 1904, zit. nach Gunter Spraul, Der »Völkermord« an den Herero, in: Geschichte in Wissenschaft und Unterricht 39 (1988), S. 713–739, zit. S. 727 f.

[25] Vgl. dazu u. a. Henning Melber, Kontinuitäten totaler Herrschaft. Völkermord und Apartheid in Deutsch-Südwestafrika, in: Jahrbuch für Antisemitismusforschung 1 (1992), S. 91–116; Tilman Dedering, The German-Herero War of 1904. Revisionism of Genocide or Imaginary Historiography?, in: Journal of Southern African Studies 19 (1993), S. 115–134; Jürgen Zimmerer, Die Geburt des »Ostlandes« aus dem Geiste des Kolonialismus. Die nationalsozialistische Eroberungs- und Beherrschungspolitik in (post-)kolonialer Perspektive, in: Sozial. Geschichte 19 (2004), H. 1, S. 10–43.

[26] Adda von Liliencron, Nach Südwestafrika, zit. Ausgabe Stuttgart 1914, S. 125.

[27] Reichskolonialamt (Hrsg.), Die Kämpfe der deutschen Truppen in Südwestafrika. Auf Grund amtlichen Materials bearbeitet von der Kriegsgeschichtlichen

Abteilung I des Großen Generalstabes. Erster Band: Der Feldzug gegen die Hereros, Berlin 1906.

[28] Adda von Liliencron, Nach Südwestafrika, zit. Ausgabe Stuttgart 1914, S. 154.

[29] Vgl. Jörg Wassink, Auf den Spuren des deutschen Völkermordes in Südwestafrika. Der Herero-/Nama-Aufstand in der deutschen Kolonialliteratur. Eine literarhistorische Analyse, München 2004, S. 197 ff.

[30] Vgl. Katharina Walgenbach, »Die weiße Frau als Trägerin deutscher Kultur«. Koloniale Diskurse über Geschlecht, »Rasse« und Klasse im Kaiserreich, Frankfurt/New York 2005.

[31] Adda von Liliencron, Bis in das Sandfeld hinein. Afrikanisches Zeitbild bis zum Schluß des Jahres 1904 nach Briefen von Mitkämpfern und mit Benützung der Veröffentlichungen des Generalstabs, Stuttgart 1908.

[32] Vossische Zeitung, 17. 8. 1904 (»Die Unruhen in Deutsch-Südwestafrika«).

[33] Vorwärts, 16. 8. 1904 (»Afrikanische Verwilderung«).

[34] Reclams Universum. Moderne illustrierte Wochenschrift 30 (1914), 1. Halbbd. Nr. 12, H. 27, S. 138–144.

[35] Vgl. Gesine Krüger, Kriegsbewältigung und Geschichtsbewußtsein. Realität, Deutung und Verarbeitung des deutschen Kolonialkriegs in Namibia, Göttingen 1999.

[36] John Iliffe, Tanganyika under German Rule 1905–1912, Cambridge 1969, S. 9–30; Karl-Martin Seeburg, Der Maji-Maji-Krieg gegen die deutsche Kolonialherrschaft, Berlin 1989; Felicitas Becker und Jigal Beez (Hrsg.), Der Maji-Maji-Krieg in Deutsch-Ostafrika 1905–1907, Berlin 2005.

[37] Martin Baer und Olaf Schröter, Eine Kopfjagd. Deutsche in Ostafrika, Berlin 2001, S. 93 ff.

[38] Aussage im Maji Maji Research Project, Universität Dar es Salaam 1968, zit. nach Ingrid Laurien, »Zu keiner Zeit konnten wir sagen: Jetzt haben wir Frieden«. Berichte afrikanischer Zeugen, in: Becker/Beez (Hrsg.), Der Maji-Maji-Krieg, S. 116 f.

[39] Bemerkenswert in diesem Zusammenhang ist, auch als Beleg für anhaltendes deutsches Überlegenheitsdenken, ein Interview in der ›Deutschen Stimme‹, dem Organ der rechtsradikalen NPD, in dem koloniale Überzeugungen manifestiert sind. Deutsche Stimme, Januar 2006 (»Bangen um die nackte Existenz. Ralph und Ulla Schröder im Gespräch über die Landenteignungen in Namibia«).

Verleugnung und Trauma
Der Völkermord an den Armeniern

Vernichtung und Völkermord als literarische Metapher, als Kategorie politischer Planung, als Realisierung ideologisch begründeten Anspruchs wurde zu einer zentralen Denkfigur im 20. Jahrhundert, realisiert als »ethnische Säuberung« auf dem Balkan, in Ausrottungsfeldzügen gegen kulturelle, religiöse, ethnische Minderheiten, in organisierten Vertreibungen wie 1923 von Griechen und Türken, 1945 der Deutschen aus Ostmitteleuropa, 1948 von Palästinensern, davor von Hindus und Moslems auf dem indischen Subkontinent. In sozialdarwinistischen, rassistischen Formulierungen zur »Lösung« der »Judenfrage« ins 19. Jahrhundert zurückreichend, im Ersten Weltkrieg an allen Fronten von der Marne bis Gallipoli exzessiv gelebt und im Nationalsozialismus zu Staatsdoktrin und Massenrausch gesteigert, kulminierten die Vorstellungen von Vernichtung im Rassenkrieg gegen Juden, »Zigeuner«, Slawen, gegen soziale und ethnische Gruppen und ganze Völker, die als »lebensunwert« definiert wurden.

Das Entsetzen über die Verbrechen im deutschen Namen, die nach dem Zusammenbruch des Hitlerstaats ab 1945 öffentlich wurden, war allgemein. Die Welt erfuhr von beispiellosen Untaten und saß über die Täter zu Gericht. Der Zivilisationsbruch, den die deutsche Nation begangen hatte, schien einzigartig und erstmalig.

Dokumente, Augenzeugenberichte von Überlebenden, die großen Nürnberger Prozesse und viele andere Tribunale, 1961 der Eichmann-Prozess in Jerusalem, dann der Auschwitz-Prozess in Frankfurt am Main machten öffentlich, was geschehen war. Erstaunlicherweise steigerte sich das Interesse an den Verbrechen der Nationalsozialisten im Laufe der Jahrzehnte. In den siebziger Jahren wurde der Holocaust über das amerikanische Fernsehen zum medialen Ereignis. Hollywood engagierte sich für das Thema, ›Schindlers Liste‹ wurde zum Erfolg und sein Regisseur Steven

Spielberg zur Kultfigur. In den neunziger Jahren entstanden Museen und Gedenkstätten, die eine neue Erinnerungskultur begründeten, deren Höhepunkt mit der Weihe des deutschen nationalen Denkmals für die Ermordung der europäischen Juden im Mai 2005 vorläufig erreicht ist.

Im scharfen Kontrast dazu stehen der Gedächtnisverlust und die Realitätsverweigerung gegenüber einem früheren Genozid, gegenüber dem Völkermord an den Armeniern während osmanischer Herrschaft[1], dessen Dimension absichtsvoll nicht zur Kenntnis genommen wurde, der von der Mehrheit in allen zivilisierten Völkern lange Zeit aus dem Gedächtnis gedrängt oder gar nicht hineingelassen wurde, der von den Urhebern und ihren Nachfolgern noch im 10. Jahrzehnt nach der Tat mit beträchtlichem Aufwand verleugnet wird.[2] Der Völkermord an den Armeniern, inszeniert im Ersten Weltkrieg von der Regierung des Osmanischen Reiches, ausgeführt von türkischer Gendarmerie, türkischem Militär und – als Erfüllungsgehilfen – kurdischen Banden fand unter den Augen der Weltöffentlichkeit statt.

Als Metapher der Vernichtung – beschworen nur von einigen Literaten, Pazifisten, Engagierten – sank der Völkermord an den Armeniern allzu rasch bei den Nichtbeteiligten ins Unterbewusste. Politisches Kalkül, Druck und Drohungen erzwangen das Vergessen. Die Existenz der Überlebenden und ihrer Nachkommen steht seither unter einem doppelten Trauma, der unverjährbaren Last des Erlittenen und der zusätzlichen Last durch die Leugnung, durch das Nichternstnehmen und Nichtwahrhabenwollen des Verbrechens. Die Behauptung, dieser Genozid sei nicht geschehen oder so nicht geschehen, wie er von den Opfern erfahren wurde, bedeutet eine zusätzliche Kränkung der Erinnerungsgemeinschaft, der damit ihre Wahrnehmung und die Wahrhaftigkeit des kollektiven Gedächtnisses abgesprochen wird, der damit auch jede Aussicht auf Erlösung vom Schmerz genommen ist.

Die Leugnung des Holocaust ist in Deutschland zu Recht strafbar, weil dies als ein beleidigender und aggressiver Akt gegen die

Opfer und ihre Nachkommen verstanden wird. Der Völkermord an den Juden beherrscht als die zentrale Katastrophe des 20. Jahrhunderts weltweit den politischen Erinnerungsdiskurs, ungeachtet anderer Genozide, die erst allmählich zum Gegenstand vergleichender Betrachtung werden. Die Vergleichbarkeit der Völkermorde nach ideologischen Kriterien und phänomenologischen Kategorien ist umstritten, nicht zuletzt aus Gründen einer politischen Ethik, deren Angelpunkte Schuldbewusstsein und daraus resultierende Empathie gegenüber den Opfern sind. Für die politische Kultur der Bundesrepublik Deutschland bedeutet die Erinnerung an die Einzigartigkeit des Judenmords ein konstitutives Element. Das kann freilich (abgesehen von der einzigartigen Methode und planmäßigen Organisation) keine generelle Einschränkung des Blicks auf den durch Deutsche zu verantwortenden Völkermord an den Juden und an Sinti und Roma bedeuten. Zur Erforschung der Ursachen und Motive – wobei die besondere Vergleichbarkeit zwischen dem Genozid an den Armeniern im Ersten und dem an den Juden im Zweiten Weltkrieg konstatiert werden muss – gibt es nach dem zunächst geführten Diskurs über Schuld, Opfer und Täter noch viele Desiderate. Nur auf ein Moment sei hier hingewiesen, auf den Zusammenhang von Genozid und Modernisierung, bei dem der Völkermord als Funktion politischer, sozialer oder ökonomischer Erwägungen als instrumentalisierte, quasi zwangsläufige Vernichtungsnotwendigkeit im Zuge gesellschaftlicher Modernisierungsprojekte zutage tritt.

Die Beschäftigung mit vergangenem Völkermord ist zunächst, aber nicht ausschließlich, Sache der Historiker. Sie müssen erforschen, wie es dazu gekommen ist, welche Ursachen, Motive, Strategien die Täter zum Verbrechen veranlasst haben, welche Methode mit welchem Ziel angewendet wurde, wer davon gewusst, wer den Genozid gebilligt oder verurteilt hat, ob und wie die Untat gesühnt worden ist. Dann, dies ist immer noch Aufgabe der Wissenschaft, interessiert es, ob Indizien zu gewinnen sind, die sich verallgemeinern lassen, die helfen könnten, frühzeitig zu erkennen, ob irgendwo ein Konflikt, eine Krise zu eskalieren droht und Gefahr läuft, im Genozid zu münden, oder ob das Verbrechen gegen die Minderheit von der Mehrheit planmäßig herbeigeführt wird.

Seit der Untat von 1915 hat sich immer wieder aufs Neue gezeigt, dass Völkermorde planmäßig und kaltblütig in Szene gesetzt werden, dass sie Ergebnis systematischer Planung sind, und auch die Handlungsmuster sind geläufig: Schuldzuweisung an eine ethnische, religiöse, kulturelle Minderheit, ihre Verfolgung unter dem Vorwand, die Mehrheit sei provoziert worden; es folgt die »politische Lösung«, die als »ethnische Säuberung«, als Umsiedlung, als friedensstiftende Maßnahme verkündet und in den Formen von Vertreibung, Raub und Mord praktiziert wird. Die Abläufe und Zusammenhänge darzustellen ist also die Obliegenheit der Historiker. Aber das akademische Interesse kann nicht Selbstzweck sein. Das Ergebnis historischer Forschung geht alle an, nicht zuletzt die Politiker, die Verantwortung für den äußeren und inneren Frieden der Nationen tragen. Öffentliche Erinnerung ist Teil der politischen Kultur zivilisierter Gesellschaften. Dazu gehört aber auch das Erinnern an unselige Ereignisse, dazu gehört das Eingeständnis historischer Schuld.[3]

Die Nachfolger des längst vergangenen Osmanischen Reiches verweigern dieses Eingeständnis bis zum heutigen Tag. In unverständlicher Aufwallung nationaler Leidenschaft reagierte die türkische Regierung, aber auch die mediale Öffentlichkeit, darauf, dass das französische Parlament in einem späten legislativen Akt die Anerkennung des Völkermords an den Armeniern beschlossen hat. Das ist die Feststellung einer historischen Tatsache, nicht mehr, auf die sich keine rechtlichen Forderungen gründen, aus der sich keine drohenden Nachteile für die Türkei ergeben. Es ist ein symbolischer Akt der Gerechtigkeit und der Anerkennung gegenüber den Armeniern französischer Nationalität. Und es ist ein Zeichen von Verantwortungsbewusstsein der Parlamentarier gegenüber geschichtlicher Erkenntnis.

Aber die Türkei hat reagiert, als sei ihr der Krieg erklärt worden.

Politik und Medien gebärdeten sich, um Geschichte zu leugnen, als seien sie existenziell bedroht. Das türkische Aufbäumen gegen die historische Realität erinnert an die Emotionen in Deutschland, mit denen nach dem verlorenen Ersten Weltkrieg Realität verweigert und nationalistischer Wahn glorifiziert wurde. Das waren auch Hinweise auf mangelndes Selbstbewusstsein.

Zur Selbstgerechtigkeit gibt es in Deutschland keinen Grund.[4] Dem verbündeten Osmanischen Reich ist die kaiserliche deutsche Regierung seinerzeit trotz vorhandenen Unbehagens nicht in den Arm gefallen, das Wissen über den Völkermord wurde militärischen und bündnisstrategischen Erwägungen nachgeordnet. Später, in den zwanziger Jahren, konnte auch in Deutschland aber keiner behaupten, er habe nichts gewusst. Es gab Publizisten und Literaten, die öffentlich in Wort und Schrift den Völkermord zum Thema machten. Armin T. Wegner, der expressionistische Schriftsteller, der als deutscher Sanitätssoldat Augenzeuge der Massaker geworden war, bemühte sich um Aufklärung. Ein Vortrag, den er im März 1919 in Berlin hielt, endete in Tumult und hatte deshalb reichlich Publizität. Der Pfarrer und Theologe Johannes Lepsius hatte in Armenien Zeugenberichte und weiteres Material gesammelt, verschiedene Schriften veröffentlicht und reiste auf der Suche nach Unterstützung für ein Hilfswerk als Redner durch Deutschland.[5]

Eine Sensation war dann nicht nur das Attentat des jungen Armeniers Soromon Tehlerjan (Salomon Teilirian) auf einen der Hauptschuldigen des Völkermords, auf den ehemaligen Innenminister des Osmanischen Reiches, Talaat Pascha, im März 1921 in Berlin auf der Hardenbergstraße. Der Attentäter hatte als 18-Jähriger seine gesamte Familie verloren, er hatte ein Massaker unter einem Leichenberg liegend überlebt. Die zweite Sensation war der Freispruch des geständigen Attentäters nach zweitägiger Verhandlung im Juni 1921 vor dem Schwurgericht des Landgerichts III zu Berlin. Es war eine Sternstunde der Justiz, möglicherweise eine Sternstunde irdischer Gerechtigkeit, dass der durch den Völkermord persönlich traumatisierte Soromon Tehlerjan freigesprochen wurde. Die sorgfältige Beweisaufnahme des Gerichts hat außerdem jeden Zweifel an der Realität des Genozids, an seiner Planung und Durchführung ausgeräumt.[6]

Zur Phänomenologie des Völkermords gehört seine Öffentlichkeit und die gleichzeitige Teilnahmslosigkeit der Nicht-Betroffenen. Der Genozid an den Armeniern geschah, wie nur zweieinhalb Jahrzehnte später der Holocaust, unter den Augen der Welt. Der amerikanische Konsul im ostanatolischen Harpet berichtete nach Washington, was er bei Inspektionsreisen in seinem Amtsbezirk im Herbst 1915 beobachtet hatte: »Wir schätzen, daß wir während unserer Rundreise um den Göljuk-See binnen 24 Stunden die sterblichen Überreste von mehr als 10 000 ermordeten Armeniern gesehen haben. Dabei handelt es sich natürlich um Schätzungen, denn von manchen waren nur noch Skelette übrig, in anderen Fällen fanden wir aufgeblähte, stinkende Körper von Menschen, die wohl erst vor einigen Tagen getötet worden waren ... Immer entdeckte ich bei meinen Reisen im Gebiet des Göljuk-Sees Skelette oder Knochen – erst kürzlich wieder, einige Wochen vor meiner Abreise aus Harpet.«[7]

Im Vergleich mit dem Völkermord, den das nationalsozialistische Deutschland gegen die Juden plante und durchführte, machte sich die Regierung des Osmanischen Reiches im Herbst 1915 wenig Mühe, ihre Absichten zu verschleiern. Dokumente, die das beweisen, gibt es genug. In Erlassen an nachgeordnete Behörden führte der Innenminister eine offene Sprache. Am 15. September 1915 verfügte er: »Es ist bereits mitgeteilt worden, daß die Regierung beschlossen hat, alle Armenier, die in der Türkei wohnen, gänzlich auszurotten. Diejenigen, die sich diesem Befehl und diesem Beschluß widersetzen, verlieren ihre Staatsangehörigkeit. Ohne Rücksicht auf Frauen, Kinder und Kranke, so tragisch die Mittel der Ausrottung auch sein mögen, ist, ohne auf die Gefühle des Gewissens zu hören, ihrem Dasein ein Ende zu machen.«[8]

Am 23. November 1915 ergeht die ultimative Weisung an die Präfektur von Aleppo: »Rotten Sie mit geheimen Mitteln jeden

Armenier der östlichen Provinzen aus, den Sie in Ihrem Gebiete finden sollten.«[9] Und am 1. Dezember erreicht den Präfekten in Aleppo wieder eine chiffrierte Depesche des Innenministers, in der mangelnder Verfolgungseifer bei der »Ausrottung der fraglichen Personen« gerügt und noch einmal klargestellt wird, worum es geht: »Der Ort der Verbannung derartiger Unruhestifter ist das Nichts«.[10] An Deutlichkeit ließ auch die Mitteilung vom 15. Januar 1916 nichts zu wünschen übrig: »Wir erfahren, daß man in die an gewissen Orten eröffneten Waisenhäuser auch die Kinder der bekannten Personen aufnimmt. Da die Regierung deren Dasein für schädlich hält, so heißt es den Wünschen der Regierung zuwiderhandeln, wenn man diese Kinder ernährt und ihr Leben verlängert, als ob man Mitleid mit ihnen haben dürfte; sei es, daß man den wahrhaften Zweck nicht begreift, sei es, daß man ihn nicht beachtet«.[11] Und ein letztes Beispiel an regierungsamtlichem Klartext, das in der Argumentation an Begründungen denken lässt, wie sie die nationalsozialistische Ideologie eines rassistischen »Rechts des Stärkeren« Jahrzehnte später verwendete: »Zu einer Zeit, wo Tausende von muselmanischen Auswanderern und Kriegerwitwen des Schutzes und der Nahrung bedürfen, ist es nicht angängig, Geld auszugeben, um die Kinder der bekannten Personen zu ernähren, die in der Zukunft zu nichts anderem dienen werden, als gefährlich zu sein.«[12]

Während des Ersten Weltkrieges, unter Zensur, wurde in Deutschland das Wissen amtlicher Stellen geheimgehalten und aus Staatsräson der Öffentlichkeit gegenüber unterdrückt. Die Pressekonferenz der kaiserlichen Regierung am 7. Oktober 1915 hängte den Journalisten einen Maulkorb um und sorgte für die Sprachregelung: »Über die Armeniergreuel ist folgendes zu sagen: Unsere freundschaftlichen Beziehungen zur Türkei dürfen durch diese innertürkische Verwaltungsangelegenheit nicht nur nicht gefährdet, sondern im gegenwärtigen, schwierigen Augenblick nicht einmal geprüft werden. Deshalb ist es einstweilen Pflicht zu schweigen. Später, wenn direkte Angriffe des Auslandes wegen deutscher Mitschuld erfolgen sollten, muß man die Sache mit größter Vorsicht und Zurückhaltung behandeln und später vorgeben, daß die Türken schwer von den Armeniern gereizt wurden.«[13] Zweieinhalb Monate später, am 23. Dezember 1915, wurden die Journalisten angewiesen: »Über die armenische Frage wird am besten geschwiegen. Besonders löblich ist das Verhalten der türkischen Machthaber in dieser Frage nicht!«[14]

Den Verbündeten der Türkei war der Genozid also kein Geheimnis. Im Mai 1915 hatte der deutsche Botschafter in Istanbul offiziell erfahren, dass eine »Umsiedlung« armenischer Familien nach Mesopotamien geplant war, im Juni berichtete er dem Auswärtigen Amt nach Berlin, der türkische Innenminister habe sich »dahin ausgesprochen, daß die Pforte den Weltkrieg dazu benutzen wollte, um mit ihren inneren Feinden (den einheimischen Christen) gründlich aufzuräumen, ohne dabei durch die diplomatische Intervention des Auslandes gestört zu werden«, und am 7. Juli 1915 berichtete die deutsche Vertretung, »die Art der Umsiedlung zeige, daß die Regierung tatsächlich den Zweck verfolgt, die armenische Rasse im türkischen Reiche zu vernichten«.[15]

An öffentlich zugänglichen Quellen über den Völkermord, an amtlichen Akten herrscht ebenso wenig Mangel wie an Augenzeugenberichten, von Überlebenden wie von ausländischen Beobachtern. Die Tatsache des Völkermords am armenischen Volk steht außer jedem Zweifel. Sowohl die Evidenz des Geschehens im einzelnen wie dessen Dimension, mindestens eineinhalb Millionen Tote, unendliche Grausamkeit gegen die Opfer, Sadismus, Freude an der Qual und am Untergang der Todgeweihten – dies alles ist belegt und gesichert.

Und es steht auch fest, dass die Welt Notiz genommen hat, dass das Publikum in den zivilisierten Nationen vom Genozid an den Armeniern gesprochen hat. Das war in den zwanziger Jahren. Aber auch danach war das Verbrechen noch als Metapher der Vernichtung im Bewusstsein vorhanden, auch wenn nicht mehr ausdrücklich davon die Rede war.

Das prominenteste Beispiel dafür bietet Adolf Hitler, der am 22. August 1939 die militärischen Befehlshaber auf den Obersalzberg befohlen hatte, um ihnen in langer Rede die Ziele des unmittelbar bevorstehenden Krieges zu entwickeln. Er propagierte seine Strategie als Ideologie der Vernichtung, als er erklärte, Ziel sei die »Beseitigung der lebendigen Kräfte« Polens, nicht die Erreichung einer bestimmten strategischen Linie. Hitlers Ansprache an die Generäle enthielt verräterische Sätze über die wahren Absichten des bevorstehenden Krieges, bei denen die Teilnahms- und Gedächtnislosigkeit der Weltöffentlichkeit bereits einkalkuliert war: »Dschingis Chan hat Millionen Frauen und Kinder in den Tod gejagt«, sagte Hitler, und: »Wer redet heute noch von der Vernichtung der Armenier?«[16]

Auf einer anderen als der politischen Ebene blieb der erste Genozid des 20. Jahrhunderts noch aktuell, nämlich in der Literatur. Mitte 1933 war Franz Werfels Roman ›Die vierzig Tage des Musa Dagh‹ erschienen mit der im Vorwort geäußerten Absicht, »das unfaßbare Schicksal des armenischen Volkes dem Totenreich alles Geschehenen zu entreißen«.[17] Das Buch, das Werfels Weltruhm begründete, war Helden- und Widerstandsepos für die Armenier und Menetekel für die Deutschen, soweit sie es noch zur Kenntnis nehmen wollten und konnten.

In der Gewissheit, dass es keine Überlebenden geben werde, erzählten die Wach- und Begleitmannschaften ihren Opfern, was bereits geschehen war, welche Intentionen bestanden, welches Ziel der Genozid haben sollte. Auf die Frage eines armenischen Geistlichen, der geglaubt hatte, nur Männer seien Objekte des Mordens, erklärte ihm der türkische Gendarmeriehauptmann, wenn man nur die Männer totschlage, dann gebe es nach 50 Jahren wieder ein paar Millionen Armenier: »Wir müssen also auch Frauen und Kinder totschlagen, damit für immer keine inneren und äußeren Unruhen mehr kommen.«[18]

Für die Deutschen sind die Ereignisse von 1915 aus vielen Gründen von Interesse. Die groteske und barbarische Beschreibung der

Mordmotive, die unmittelbar aus dem Mordgeschehen heraus ihre scheinbare Logik entwickelte, finden wir bei Heinrich Himmler, dem »Reichsführer SS«, drei Jahrzehnte später wieder, als er in seiner Posener Geheimrede am 6. Oktober 1943 vor hohen SS-Offizieren Klartext redete: Niemehr ist während des Dritten Reiches mit solcher Deutlichkeit über das Staatsverbrechen des Völkermords gesprochen worden; kein anderes Mal wurde vor einem ähnlichen Kreis von Zuhörern auf die gängigen Sprachregelungen so vollkommen verzichtet. Im Drang zur Stilisierung seiner SS verwendete Himmler Metaphern aus Heldenepos und Märtyrerlitanei und brüstete sich mit der ganzen furchtbaren Wahrheit des Genozids: »Der Satz, die Juden müssen ausgerottet werden, mit seinen wenigen Worten, meine Herren, ist leicht ausgesprochen. Für den, der durchführen muß, was er fordert, ist es das Allerhärteste und Schwerste, was es gibt [...]. Es trat an uns die Frage heran: Wie ist es mit den Frauen und Kindern? – Ich habe mich entschlossen, auch hier eine ganz klare Lösung zu finden. Ich hielt mich nämlich nicht für berechtigt, die Männer auszurotten – sprich also, umzubringen oder umbringen zu lassen – und die Rächer in Gestalt der Kinder für unsere Söhne und Enkel groß werden zu lassen.« Im folgenden Jahr erwähnte Himmler bei gebotener Gelegenheit »die Judenfrage« abermals und teilte Generälen der Wehrmacht mit: »Sie wurde entsprechend dem Lebenskampf unseres Volkes, der um die Existenz unseres Blutes geht, kompromißlos gelöst. Ich spreche das zu Ihnen als Kameraden aus.«[19]

Die Parallelen zwischen dem Genozid an den Armeniern und dem nationalsozialistischen Völkermord sind nicht zufällig. Die große Mehrheit der Deutschen akzeptiert – zunächst angestoßen durch die Nachhilfe, die nach dem Zusammenbruch des Hitlerstaates aus dem Ausland kam – die historische Schuld am Judenmord und die Verpflichtungen, die daraus entstanden sind.

Ein Skandal wurde im Januar 2005 bei einem Mittagessen in Potsdam inszeniert. Der türkische Generalkonsul speiste mit dem Ministerpräsidenten von Brandenburg und seinem Bildungsminister. Anliegen des türkischen Diplomaten war die Tilgung einer Erwähnung des armenischen Völkermords aus einer Handreichung für Lehrer des Landes Brandenburg, die im Lehrplan für die 9. und 10. Klasse unter dem Rubrum »Enthumanisierung (Kriegsalltag)« die Themen »ethnische Entflechtung«, Ausrottung, Völkermord verbindlich vorschreibt und mit dem Zusatz »z. B. Genozid an der armenischen Bevölkerung Kleinasiens« erläutert. Dieser Zusatz, der das Missfallen des türkischen Konsuls so erregt hatte, verschwand unmittelbar nach dem Essen im Januar 2005 ersatzlos aus dem Lehrplan.[20]

Eine Provinzposse unter der Überschrift »Der Pascha und seine Salzknaben« oder die Fortsetzung erfolgreicher Pression, die bereits eine Forschungs- und Begegnungsstätte, gewidmet dem 1926 verstorbenen Johannes Lepsius, in Potsdam zu verhindern versucht hatte? Die Wut des Generalkonsuls und die Willfährigkeit der brandenburgischen Politiker waren umso erstaunlicher, als in Ankara erste Zeichen des Umdenkens erkennbar schienen: Eine türkisch-armenische Kommission sollte sich mit dem Genozid beschäftigen, dessen öffentliche Erwähnung auch nicht mehr strafbar sein sollte.

Vielleicht war man in der türkischen Diaspora nicht auf dem aktuellen Stand der erinnerungspolitischen Überlegungen, vielleicht sollte das leichte Tauwetter in Ankara dem Entree in die Europäische Union dienen – in der deutschen Provinz hat man sich jedenfalls gründlich blamiert. Daran änderten auch nachträgliche Versuche zur Schadensbegrenzung nichts, die unter dem Druck öffentlicher Proteste und nach Intervention der armenischen Botschafterin unternommen wurden: Der Genozid kehrte wieder in den Lehrplan zurück.[21]

Die Europäische Gemeinschaft will sich das Reifezeugnis der türkischen Nation vorlegen lassen, um sie dann in der Union begrüßen zu können. Das Reifezeugnis kann aber nicht nur in Deklamationen zu den Menschenrechten bestehen oder in der Einstellung des Prozesses gegen einen Schriftsteller, der zu prominent ist, um ihn verurteilen zu können, weil er über den Genozid die Wahrheit gesagt hat, es muss auch die Anerkennung der historischen Realität, des Völkermords an den Armeniern zum Gegenstand haben. Es hat mit Rücksicht auf die vielen Türken in der Bundesrepublik lange gedauert, bis Deutschland dem Vorbild Belgiens, Griechenlands, Schwedens und Frankreichs folgte und den Völkermord öffentlich anerkannte. Lange war das verweigert worden und die Begründung, mit der ein stellvertretender Vorsitzender der SPD-Bundestagsfraktion im Februar 2001 das Thema abtat, war grotesk: Nicht die Abgeordneten seien gefragt, hatte er erklärt, sondern die Historiker. Das ist ein merkwürdiges Verständnis der Dinge. Historiker haben sich lange und gründlich mit dem Völkermord an den Armeniern beschäftigt, den Sachverhalt beschrieben und die Katastrophe beim Namen genannt: Völkermord.

Der Deutsche Bundestag hat schließlich am 21. April 2005 eine Dreiviertelstunde lang über den Tagesordnungspunkt »Gedenken anlässlich des 90. Jahrestages des Auftakts zu Vertreibungen und Massakern an den Armeniern am 24. April 1915« diskutiert. Deutschland müsse zur Versöhnung zwischen Türken und Armeniern beitragen, lautete die Absicht. Die Redner waren sachkundig, zeigten sich über die historischen Ereignisse gut informiert. Die Abgeordneten waren auch sehr zufrieden mit ihrem Tun, spendeten sich für den Ernst und die Würde und die Einmütigkeit Beifall und verabschiedeten am 16. Juni 2005 einstimmig eine Resolution, die alles zunichte machte. Um den voraussehbaren Ausbruch türkischer Paranoia zu verhindern, war nicht vom Genozid – das ist die geplante, organisierte und ideologisch begründete Vernichtung einer ethnischen oder kulturellen Gruppe, eines Volkes – die Rede, sondern von »Vertreibungen« und »Massakern«. Nur einmal, in der Begründung, heißt es distanziert, zahlreiche unabhängige Historiker würden »die Vertreibung und Vernichtung der Armenier als Völkermord« bezeichnen.[22] Die Türken, denen man eine Lektion in Erinnerungskultur erteilen wollte, ohne ihnen durch schmerzliche Wahrheit zu nahe zu treten, haben die Behutsamkeit und den leisen Tritt nicht gedankt. Regierungschef Recep Tayyip Erdogan äußerte sich beleidigend über seinen Kollegen Gerhard Schröder, und in Berlin rumorten türkische Patrioten auf der Straße, demonstrierten mit kräftiger Wallung nationalen Gefühls ihr Geschichtsverständnis.

Für den März 2006, zum Jahrestag der Ermordung Talaat Paschas am Steinplatz in Berlin, wurde dann eine Demonstration angekündigt, prominent unterstützt von türkischen Intellektuellen, Politikern, Professoren, die das Selbstgefühl türkischer Nationalisten in Abwehr historischer Tatsachen kultivieren sollte. »Nimm Deine Fahne, komm nach Berlin«, lautete die Aufforderung. Das Programm war so schlicht wie umfassend: »Wir fordern vom deutschen Parlament: Hebt die Anerkennung der Massaker an den Armeniern auf. Beendet die Türken-Feindlichkeit in Deutschland. Armenische Massaker-Lügen dürfen nicht in Schulbücher aufgenommen werden.«[23] Die Begründung enthält einen ganzen Katalog nationalen Unbehagens, das sich am Genozid-Vorwurf kristallisiert und in der Methode wie im Selbstverständnis der Leugnung des Holocaust gleicht: »Wir beenden die Periode der Demut. Wir werden dem Westen die große Stärke der Türkei zeigen. Wichtige Dokumente, die wir uns aus den russischen und armenischen Staatsarchiven besorgt haben, belegen eindeutig und ohne jeglichen Zweifel, dass es sich bei den ›Armenischen Genozid‹-Behauptungen um Lügen handelt. Diese Behauptungen werden somit null und nichtig und die türkischen Thesen bewiesen. Durch das ›Groß-Projekt 2006‹ werden wir diese Dokumente in den westlichen Ländern veröffentlichen, verbreiten und in den westlichen Großstädten wissenschaftliche Symposien und Kampagnen organisieren.«

Die Unterstellung, die Resolution des Bundestages sei Ausdruck einer »rassistischen Erniedrigungskampagne gegen die Türken in Europa«, deutet auf die wahren Motive der Initiatoren hin. Die aus dem Mittelalter kommende Türken-Feindschaft werde heute durch die »armenischen Genozid-Lügen vervielfacht«. Die darin zum Ausdruck kommende Verleumdung der Türkei habe das Organisationskomitee des Großen Projekts 2006 als amerikanische Machenschaft entlarvt. Aus der nationalistischen Paranoia wurde Drohung: »Wir warnen Europa. Lasst euch nicht zu Instrumenten amerikanischer Pläne machen! Die armenische Frage kam auf die Tagungsordnung im Rahmen des ›Großen Nahost-Projekts‹, dessen Zentrum die USA sind ... Mit der ›Operation Talat Pascha‹ werden die europäischen Länder und die Öffentlichkeit dazu aufgefordert, mit ihrer Türkei-Feindschaft aufzuhören und sich nicht länger durch US-Politik instrumentalisieren zu lassen. Die kraftvolle Erhebung von Millionen von Türken aus der Türkei und aus Europa wird die kurzsichtige Politik der europäischen Staatsführer unwirksam machen.«

Die Großdemonstration wurde wie üblich im Vorfeld erst verboten und dann (mit Auflagen) doch erlaubt. Da bei offiziellen türkischen Vertretern jedoch Vernunft waltete, die Türkische Gemeinde in Deutschland und andere Organisationen ihre Teilnahme absagten, waren es dann nur wenige, die demonstrierten.[24]

Zu lernen gibt es auf beiden Seiten noch vieles. Die deutschen Politiker könnten erkennen, dass sprachliche Kosmetik nichts hilft, die nationalstolzen Türken werden irgendwann wohl einsehen, dass Wut kein Mittel gegen die historische Wahrheit ist. Ärgerlich und kontraproduktiv ist jedenfalls der beliebige Umgang mit Begriffen, die präzise definierte Sachverhalte beschreiben, die nicht austauschbar sind, die aber politischem Kalkül folgend verwendet werden. Das Massaker ist etwas anderes als der Pogrom, »ethnische Säuberung« ist nicht das Gleiche wie Vertreibung. Völkermord als organisierter Vernichtungswille, einer Intention folgend und nach einem System praktiziert, ist Höhepunkt und nicht steigerbare Summe von Exzessen und Massakern, die Deportation oder Austreibung einschließen und nie auf Zufall oder plötzlichem Anlass beruhen. Der Genozid wird mit den Methoden des Massakers, der Exekution, des Todesmarsches, der Verelendung im Lager verübt, er lässt sich jedoch nicht verharmlosen durch die Reduktion auf eine seiner Methoden.

Die historische Wahrheit ist durch Akklamation, Parteinahme oder Kompromissformeln nicht manipulierbar. Sie lässt sich nur aus authentischen Dokumenten, Berichten, Aussagen, aus den Quellen erschließen. Das ist im Falle des Genozids an den Armeniern gründlich geschehen. Umso rätselhafter erscheint das Unterfangen eines amerikanischen Historikers, ohne neue Quellen, nur durch Abwägen der in der Literatur vertretenen Meinungen und Positionen einen Beitrag zur armenisch-türkischen Aussöhnung leisten zu wollen.[25] Guenter Lewy, dessen Motiv möglicherweise darin besteht, nur einen einzigen Genozid, den Judenmord, zu kanonisieren (denn er hat in einem früheren Buch auch der Verfolgung der Sinti und Roma den Charakter eines Völkermords abgesprochen), kommt jedenfalls zu der Erkenntnis, gemeinsame empirische Studien von Armeniern und Türken seien fruchtbarer als die Genoziddebatte. Wenn jemand vorschlüge, deutsche »Revisionisten«, vulgo Holocaustleugner, sollten gemeinsam mit den Opfern des Holocaust oder deren Nachkommen empirische Studien über den Völkermord an den Juden treiben, um die Wahrheit herauszufinden, er würde zumindest Unverständnis erregen. Der Vorschlag, beim Armeniergenozid so zu verfahren, wurde in der ›Frankfurter Allgemeinen Zeitung‹ hingegen mit Beifall bedacht.[26]

Anmerkungen

[1] Neuere Darstellungen u. a.: Wolfgang Gust, Der Völkermord an den Armeniern. Die Tragödie des ältesten Christenvolkes der Welt, München 1993; Mihran Dabag/Kristin Platt (Hrsg.), Genozid und Moderne, Bd. 1, Strukturen kollektiver Gewalt im 20. Jahrhundert, Opladen 1998; Richard G. Hovannisian (Hrsg.), The Armenian Genocide. History, Politics, Ethics, London 1992; Vahakn N. Dadrian, The History of the Armenian Genocide. Ethnic Conflict from the Balkans to Anatolia to the Caucasus, Providence, Oxford 1995.

[2] Vahakn N. Dadrian, The Key Elements of the Turkish Denial of the Armenian Genocide: A case study of distortion and falsification, Toronto 1999; Richard G. Hovannisian (Hrsg.), Remembrance and Denial. The Case of the Armenian Genocide, Detroit 1999; Tessa Hofmann (Hrsg.), Das Verbrechen des Schweigens. Die Verhandlung des türkischen Völkermords an den Armeniern vor dem Ständigen Tribunal der Völker, Göttingen 1985; John S. Kirakossian, The Armenian Genocide. The Young Turks before the Judgement of History, Madison 1992.

[3] Vgl. Annette Schaefgen, Schwieriges Erinnern: Der Völkermord an den Armeniern, Berlin 2006.

[4] Vahakn N. Dadrian, German Responsibility in the Armenian Genocide. A Review of the Historical Evidence of German Complicity, Cambridge, Mass. 1996.

[5] Johannes Lepsius (Hrsg.), Deutschland und die Armenier 1914–1918. Sammlung diplomatischer Aktenstücke, Bremen 1986 (Erstausgabe 1919); ders., Bericht über die Lage des Armenischen Volkes in der Türkei, Potsdam 1916; ders., Der Todesgang des armenischen Volkes, Potsdam 1919. – Die zeitgenössische Publizistik, darunter Schriften von Wegner, Lepsius usw., sind zu finden in der Mikrofiche-Edition: Deutschland, Armenien und die Türkei 1895–1925. Dokumente und Zeitschriften aus dem Dr.-Johannes-Lepsius-Archiv an der Martin-Luther-Universität Halle-Wittenberg, zusammengestellt und bearbeitet von Hermann Goltz und Axel Meissner, München 1998.

[6] Der Völkermord an den Armeniern vor Gericht. Der Prozeß Talaat Pascha (Berlin 1921), Neuaufl. hrsg. und eingel. von Tessa Hofmann, Göttingen 1980.

[7] Leslie A. Davies, The Slaughterhouse Province. An American diplomat's report on the Armenian Genocide (1915–1917), hrsg. von Susan Blair, New Rochelle 1989.

[8] Der Völkermord an den Armeniern vor Gericht, S. 133.

[9] Ebenda, S. 194.

[10] Ebenda.

[11] Ebenda, S. 135.

[12] Ebenda, S. 136.

[13] Ebenda, S. 78.

[14] Ebenda.

[15] Heinrich Vierbücher, Was die kaiserliche Regierung den deutschen Untertanen verschwiegen hat. Armenien 1915. Die Abschlachtung eines Kulturvolkes durch die Türken, Hamburg 1930/Reprint Bremen 1985, S. 76 f.

[16] Text der Hitlerrede vom 22. 8. 1939: Nürnberger Dokumente PS 798 und PS 1014; vgl. Kevork B. Bardakjian, Hitler and the Armenian Genocide, Cambridge, Mass. 1985.

[17] Norbert Otto Eke, Planziel Vernichtung. Zwei Versuche über das Unfaßbare des Völkermords: Franz Werfels ›Die vierzig Tage des Musa Dagh‹ (1933) und Edgar Hilsenraths ›Das Märchen vom letzten Gedanken‹ (1989), in: Deutsche Vierteljahresschrift für Litwiss. und Geistesgesch. 71 (1997), H. 4, S. 701–723.

[18] Gust, Der Völkermord an den Armeniern, S. 64.

[19] Rede vor den Reichs- und Gauleitern in Posen am 6. 10. 1943, in: Heinrich Himmler. Geheimreden 1933–1945 und andere Ansprachen, hrsg. v. Bradley F. Smith und Agnes Peterson, Frankfurt a. M. 1974, S. 170.

[20] Sven Röbel/Holger Stark, Bosporus in Brandenburg?, in: Der Spiegel, H. 5/2005 (31. 1. 2005); Regina Mönch, Völkermord an Armeniern vom Lehrplan genommen, in: FAZ 25. 1. 2005; Hans-Ulrich Klose, Potsdam – und der türkische Genozid an den Armeniern, in: Hamburger Abendblatt, 29. 1. 2005; Mechthild Küpper, Interesse geweckt. Auf Druck der Türkei: Platzeck lässt den Völkermord an den Armeniern aus dem Lehrplan streichen, in: FAZ 31. 1. 2005.

[21] Gudrun Mallwitz, Armenien im Lehrplan: Platzeck rudert zurück, in: Berliner Morgenpost 8. 2. 2005.

[22] Deutscher Bundestag, 172. Sitzung der 15. Wahlperiode, 21. 4. 2005, Sten. Bericht S. 16 127–16 136; Drucksache 15/5689 v. 15. 6. 2005 und 181. Sitzung, 16. 6. 2005, Sten. Bericht S. 17 117.

[23] Alle folgenden Angaben nach der Website »operation Talat Pascha« www.buyuKproje2006.org/berlinmarsi.mp3.

[24] Ruhige Demos von Türken und der NPD, in: Der Tagesspiegel 19. 3. 2006. Nach Polizeiangaben waren etwa 1700 Protestierer aus ganz Deutschland und dem europäischen Ausland angereist.

[25] Guenter Lewy, The Armenian Massacres in Ottoman Turkey. A Disputed Genocide, Salt Lake City 2005.

[26] Eberhard Jäckel, Genozid oder nicht? Hunderttausende Armenier kamen 1915/16 wohl ohne Absicht um, in: FAZ 23. 3. 2006.

Stationen der Ausgrenzung
Antijudaismus und Antisemitismus als Ideologie des Genozids

Am 10. Juni 1943 erschienen im Gemeindebüro in der Oranienburger Straße 29 in Berlin Vertreter der Gestapo und erklärten, die »Jüdische Kultusvereinigung zu Berlin« (wie die amtliche Bezeichnung seit 30. April 1941 lautete) habe aufgehört zu bestehen. Die Angestellten wurden, soweit sie nicht durch den Status der »Mischehe« mit einem nichtjüdischen Partner vorläufig geschützt waren, festgenommen, ins Sammellager Große Hamburger Straße gebracht und von dort aus am 16. Juni zum Bahnhof Putlitzstraße transportiert. Am Abend dieses Tages verließ ein Deportationszug mit 500 Juden die Reichshauptstadt, die jetzt als »judenfrei« galt. Das gleiche Schicksal hatten die fünf letzten Mitarbeiter der »Reichsvereinigung der Juden in Deutschland« in der Kantstraße 158 in Berlin. Ebenfalls am 10. Juni 1943 wurden sämtliche Bezirksbüros der Reichsvereinigung außerhalb Berlins aufgelöst. Noch vorhandenes Vermögen und die Büroeinrichtung übernahm das Oberfinanzpräsidium, die Akten wurden zum größten Teil vernichtet.

Am 19. Juni 1943 erklärte Joseph Goebbels das Deutsche Reich für »judenfrei«. Wie alles, was der Propagandaminister sagte, war auch dies gelogen. Aber von den 537 000 Juden, die Anfang 1933 in Deutschland lebten, waren nur wenige übrig geblieben, nämlich diejenigen, die im Schutz einer »Mischehe« einem ungewissen Schicksal entgegensahen, das waren noch einige 10 000. Andere hatten sich der Deportation in die Ghettos und Vernichtungslager durch die Flucht in die Illegalität entzogen. Das waren etliche Tausend. Unter dem Druck nationalsozialistischer Verfolgung waren seit 1933 etwa 278 000 Juden aus dem Herrschaftsbereich des Nationalsozialismus ausgewandert, etwa 230 000 waren seit Herbst 1941 aus »Großdeutschland« in Ghettos, Konzentrations- und Vernichtungslager und direkt auf die Mordfelder des Holocaust in Polen, im Baltikum, in Weißrussland deportiert und dort ermordet worden.

Der nationalsozialistische Völkermord an den Juden Europas steht am Ende langer Traditionen der Judenfeindschaft. Ein Wesenselement des christlichen Mittelalters war die Segregation und Diskriminierung der Juden, die sich immer wieder in Massakern entlud. Der Judenhass wurzelte theologisch in Identitätsproblemen des jungen Christentums, das sich als »wahres Israel« gegenüber den Juden verstand, die die Erlösung durch den Messias Jesus ablehnten. Der Vorwurf des Christusmordes war Ausdruck des christlichen Bewusstseins, Empfänger der biblischen Verheißungen zu sein, wogegen die Juden als Verweigerer des göttlichen Heilsplanes als gottlos, amoralisch, verbrecherisch wahrgenommen und mit Heiden, Ketzern und Häretikern auf die gleiche Stufe gestellt wurden.

Die in theologischen Disputen und Schriften ausgetragene Auseinandersetzung hatte Folgen im Alltag. Seit dem 4. Jahrhundert sind Ausschreitungen der christlichen Bevölkerung gegenüber Juden in vielen Orten des Römischen Reiches belegt. Oft waren Diener der Kirche die Anstifter, Mönche und Bischöfe riefen zum Kampf gegen die Juden auf. In die religiösen Gründe der Ablehnung des Judentums mischten sich von Anfang an aber auch soziale und ökonomische Motive. Im ausgehenden Mittelalter und in der frühen Neuzeit kamen neue Formen der Abneigung hinzu, die schon auf die späteren rassistischen Ressentiments verwiesen, die im 19. Jahrhundert entwickelt und begründet wurden.

Die Vorbehalte gegen Juden waren, seit sich das Christentum im 3./4. Jahrhundert als Staatsreligion im Römischen Reich durchgesetzt hatte, ausschließlich religiöser Natur. Allerdings bestimmte der Glaube in existenziellem Umfang den Alltag, und religiöse Differenzen hatten entsprechend einschneidende Bedeutung. Die Verweigerung der Taufe, das Festhalten am eigenen Ritus, das Unverständnis der Juden für die Erlösungsidee durch Christus machte sie in christlichen Augen zu »Verstockten«. Aus dem religiösen

Unterschied zwischen Minderheit und Mehrheit folgte die Forderung nach äußerer Trennung (erhoben sowohl durch christliche Kirchenlehrer wie durch Rabbiner) zwischen den Anhängern des Alten Testaments, die sich als erwähltes Volk verstanden, und denen, die, erlöst durch Jesus Christus, an die Überwindung des Alten Testaments glaubten und als christliche Gemeinschaft die Mehrheit bildeten.

Am Ende des 11. Jahrhunderts verdichteten sich religiöse Gegensätze und soziale Ressentiments und entluden sich in Gewaltakten gegen die jüdische Minderheit in Europa. Der erste Kreuzzug (1096) – der Intention nach ein Krieg gegen »Ungläubige« zur Befreiung des Heiligen Landes – wurde von fanatisierten Christen, die als Angehörige der Unterschichten, verarmte Bauern, Abenteurer und Mittellose aus Sozialneid handelten, zunächst gegen Juden in ganz Mitteleuropa geführt.

Zur Begründung der aggressiven Judenfeindschaft wurden seit dem 13. Jahrhundert Legenden und Erzählungen verbreitet, die Ritualmorde und Hostienfrevel zum Gegenstand hatten, denen die Anschuldigung zugrunde lag, das Volk der »Gottesmörder« ritualisiere seinen antichristlichen Affekt durch die Wiederholung der Leiden, die einst Jesus zugefügt wurden, am Leib Christi in Gestalt der geweihten Hostie. Den klerikalen Judenbildern folgten nicht weniger gefährliche säkularisierte Zuschreibungen an die Juden als Verursacher von Übeln. Die Pestepidemie in Europa Mitte des 14. Jahrhunderts bot Anlass zur Spekulation, die Juden hätten die Brunnen vergiftet. Die jüdische Minderheit war dabei an die Stelle anderer Stigmatisierter getreten, denen bei früheren Katastrophen die Schuld zugemessen wurde, etwa den Aussätzigen (Südfrankreich 1321) oder Muslimen als Ungläubigen. Auch aus ökonomischen Motiven (Beseitigung von Gläubigern) wurde die Pest zum Verfolgungsgrund, obwohl Papst Clemens VI. in einer Bulle die Anschuldigung der Juden zurückwies. Erstmals auf einen weltlichen Vorwurf hin kam es 1358–1360 zu mehreren Pogromwellen, in denen die meisten jüdischen Gemeinden zerstört wurden.

Die »Judenfrage« war seit der Mitte des 19. Jahrhunderts ein feststehender Begriff, der (ursprünglich nur als sozialer Terminus gebraucht) zur Chiffre wurde, die politisches, kulturelles, ökonomisches Unbehagen zusammenfasste, Existenz- und Überfremdungsängste artikulierte und durch die neue Lehre vom Rassenantisemitismus eine Richtung gewiesen bekam. Den Hintergrund bildete die Debatte um die Emanzipation, d. h. die politische und rechtliche Gleichstellung der Juden. In Frankreich war die Emanzipation in der Folge der Französischen Revolution proklamiert worden[1], in Deutschland wurde sie erst in der Reichsverfassung von 1871 verankert, die Gegner gaben sich aber nie damit zufrieden und forderten einerseits die volle Assimilation der Juden – also die Preisgabe von Religion und kultureller Eigenart –, um dann doch die Emanzipation zu verweigern.[2]

Die Argumente zur »Judenfrage« basierten im letzten Drittel des 19. Jahrhunderts auf der Überzeugung von der konstitutionellen Andersartigkeit der Juden als Rasse. Das unterschied ab Mitte des 19. Jahrhunderts die Aversion gegenüber den Juden von der älteren Judenfeindschaft, dem religiös motivierten Antijudaismus, dessen Ziel die Bekehrung, die Taufe, die »sittliche Verbesserung« der Juden gewesen war. Alle älteren Judenverfolgungen im christlichen Europa waren religiös begründet und endeten mit der Bereitschaft der Juden, Christen zu werden. Natürlich waren seit dem Mittelalter auch immer andere Gründe mit im Spiel, wenn Juden das Ziel von Gewaltaktionen, von Vertreibung, Plünderung, Beraubung wurden. Die Minderheit war mit beliebiger Begründung Adressat von Schuldzuweisungen. Traditionelle Vorbehalte kamen hinzu, die ihre Wurzeln in der Geldleihe gegen Zinsen hatten, dem Gewerbe, das Juden im Mittelalter ausübten, weil ihnen andere verwehrt waren (und weil den Christen das Kreditgeschäft verboten war).

Ein neues Moment unterschied aber jetzt die alte, religiös motivierte Judenfeindschaft vom rassisch begründeten Judenhass: Der religiöse Vorbehalt war im Grundsatz mit der Taufe beendet gewesen, der rassisch begründete Makel aber war nicht kurierbar. Lösung der »Judenfrage« im neuen Sinne bedeutete nur noch Vertreibung oder Vernichtung. Der Nationalsozialismus hat folgerichtig daraus die »Endlösung« gemacht. Im 19. Jahrhundert war zu den traditionellen Motiven der Judenfeindschaft ein weiterer Anlass gekommen: Die Forderung nach Emanzipation. Als bürgerliche Gleichberechtigung, unter dem Druck der Französischen Revolution propagiert, schien sie 1870/71 erreicht, die Forderung nach Rücknahme der Gleichstellung der Juden folgte, von vielen Interessenten vorgetragen, jedoch unmittelbar.[3]

Judenfeindschaft erhielt im 19. Jahrhundert also eine neue Dimension in Gestalt des rassistisch und sozialdarwinistisch argumentierenden »modernen Antisemitismus«, der sich als Resultat angeblicher wissenschaftlicher Erkenntnis präsentierte. Zu den Vätern gehörte Arthur Graf Gobineau mit seinem voluminösen Essay ›Die Ungleichheit der Menschenrassen‹ (erschienen 1853 bis 1855 in vier Bänden), der zwar nicht explizit gegen die Juden gerichtet war, aber instrumentalisiert wurde als Eckpfeiler einer Rassentheorie, die den modernen Antisemitismus scheinbar wissenschaftlich unterfütterte.

Gobineau, Diplomat, Erzkonservativer, Dilettant in Wissenschaft und Künsten, befreundet mit Richard Wagner, war in seiner Heimat Frankreich wenig geschätzt. Sein Werk über die Rassen machte nur in Deutschland Furore. Die Übereinstimmung der antisemitischen Theoretiker bestand darin, dass jede »Rasseneigenschaft« der Juden negativ war, und den Unterschied zur älteren Judenfeindschaft bildete die Überzeugung, dass Rasseneigenschaften anders als religiöse Bekenntnisse unveränderbar waren. In der Diskussion über die »Judenfrage« spielte die Metaphorik, die Juden als »Schmarotzer« und »Parasiten« zum Schaden des »Wirtsvolkes« stempelte, eine zunehmende Rolle, ungeachtet der Tatsache, dass die anti-emanzipatorische Judenfeindschaft auch und vor allem eine Bewegung gegen die Modernisierung der Gesellschaft und gegen den politischen Liberalismus war. Der »Übergang vom religiösen Hass zur rassischen Ablehnung« war indessen nicht abrupt, die Traditionen des religiösen Antijudaismus blieben wirkungsmächtig und verstärkten die neuen pseudo-rationalen Argumente des Rassenantisemitismus.

Zu der Überzeugung, es gebe minderwertige und höherwertige Rassen, eine Hierarchie der Menschheit, gekrönt vom modernen germanischen Helden, gehörte die Vorstellung des Kampfes zwischen Minderwertigen und Höherwertigen. Sozialdarwinismus wurde ein wichtiges Schlagwort der Zeit im ausgehenden 19. Jahrhundert. Dahinter verbarg sich die Übertragung der von Charles Darwin beobachteten Entwicklungsgesetze des tierischen und pflanzlichen Lebens auf die menschliche Gesellschaft. Als gesellschaftliche Evolutionstheorie beeinflusste der Sozialdarwinismus das Denken in Kategorien der Auslese und Anpassung und trassierte die Wege zum Herrenmenschentum. In den Kolonien wurde das Herrenmenschentum gegenüber Eingeborenen, die man als Angehörige niederer Rasse versklavte und verachtete, auch gelebt. Als »Recht des Stärkeren« wurde ein politisches Postulat daraus, das fester Bestandteil rechtsextremer rassistischer Ideologie bis zum heutigen Tag ist.[4]

In Deutschland wurden die Mode gewordenen Rassetheorien fast ausschließlich als Auseinandersetzung mit der jüdischen Minderheit begriffen und agiert. Dabei spielten soziale und wirtschaftliche Motive eine beträchtliche Rolle. »Überfremdung«, »Verjudung« sind Stichworte in diesem Zusammenhang. Intellektueller Höhepunkt der Auseinandersetzung war der Berliner Antisemitismusstreit, ausgelöst durch einen Artikel Heinrich von Treitschkes in den ›Preußischen Jahrbüchern‹ im November 1879. Der angesehene Historiker hatte sich gegen die von ihm befürchtete Masseneinwanderung osteuropäischer Juden ausgesprochen; den deutschen Juden warf er mangelnden Assimilationswillen vor. Obwohl er nicht für die Rücknahme der Emanzipation plädierte, war Treitschke in der Argumentation und durch die Verwendung ausgrenzender judenfeindlicher Stereotypen (er gebrauchte einmal den Ausdruck »deutschredende Orientalen«) ins Lager der Antisemiten geraten. Auch angesichts der Wirkung, die Treitschkes kulturpessimistische Ausführungen hatten, ist die Diskussion, ob er selbst ein Antisemit war, ziemlich müßig, denn er machte zumindest die grassierende antisemitische Agitation, wie sie von drittrangigen Publizisten und eifernden Kleingeistern entfacht war, gesellschafts- und diskussionsfähig.[5]

Kurz zuvor, im Februar 1879, war Wilhelm Marrs politisches Pamphlet ›Der Sieg des Judenthums über das Germanenthum‹ erschienen, im Herbst 1879 wurde es schon in der 12. Auflage verkauft.[6] Den Weg bereitet hatten auch Autoren wie Otto Glagau, der im weit verbreiteten Wochenblatt ›Die Gartenlaube‹ und ab 1880 in einer eigenen Zeitschrift ›Der Kulturkämpfer‹ die Juden als Verursacher des Gründerkrachs von 1873 denunzierte (»90 % der Gründer und Makler sind Juden«) und in polemischen Artikeln die Juden zu Sündenböcken für aktuelles Ungemach stempelte.[7]

Pressekampagnen in der konservativen ›Kreuzzeitung‹, aber auch in katholischen Blättern – gemeinsamer Feind war der politische Liberalismus – vertieften ab 1874/75, zur Zeit der Wirtschaftskrise, die judenfeindlichen Ressentiments und machten sie gesellschaftsfähig.[8] Judenfeindschaft wurde alltäglich. Reaktionäre instrumentalisierten die irrationale Abneigung gegen die Minderheit für ihre politischen Zwecke, Gebildete ließen sich von den kulturphilosophischen Mutmaßungen des Privatgelehrten Houston Stewart Chamberlain beeindrucken[9]; er predigte Rassismus wie sein Schwiegervater Richard Wagner, der seine Reputation als Komponist in den Dienst seiner antisemitischen Obsessionen stellte.[10] Der Berliner Hofprediger Adolf Stoecker benutzte in sozialdemagogischen Reden ab 1879 kleinbürgerliche Ressentiments als Argumente gegen die Juden; ähnlich ging ein Jahrzehnt später der Wiener Kommunalpolitiker Karl Lueger vor. Beide sind damit zu Ahnherren des politischen Populismus geworden: Stoecker wie Lueger haben verbreitete Ängste und Sorgen, die nichts mit Juden zu tun hatten, die nicht von Juden verursacht waren, kanalisiert in eine generelle Ablehnung der Minderheit und in Schuldzuweisungen für alle möglichen ökonomischen und sozialen Probleme der Zeit an die Adresse »der Juden«.

Ausdruck der judenfeindlichen Stimmung, ausgelöst durch Sozialneid und künstlich genährte Überfremdungsängste, war um die Jahrhundertwende der »Bäder-Antisemitismus« als emotionale Aufwallung des Bürgertums, dem Seebäder und Urlaubsorte Rechnung trugen, indem sie sich, wie Bansin auf Usedom oder Borkum, als »judenfrei« deklarierten und verantwortungslosen Hetzern und Agitatoren freie Hand ließen. Die deutschnationalen Spießer waren glücklich, wenn dann die Kurkapelle das bösartig antisemitische »Borkum-Lied« anstimmte.[11]

Formal waren die Juden im Deutschen Reich gleichberechtigte Staatsbürger, sie hatten sich mit der Emanzipation weitgehend assimiliert und fühlten sich durch und durch als deutsche Patrioten. Ihr Bekenntnis zur deutschen Kultur, ihre Liebe zum deutschen Vaterland wurde – nachträglich – zur Vorstellung einer deutsch-jüdischen Symbiose verklärt. Sie hat aber nie existiert. Der Hauptgrund war, dass die juristische Gleichstellung in zu vielen Fällen nicht mit der gesellschaftlichen Gleichberechtigung der Juden einherging.

Diente in den besseren Ständen Judenfeindschaft als Code der stillschweigenden Verständigung der Mehrheit über die Minderheit, die Juden von bestimmten Positionen und gesellschaftlichen Funktionen fernhielt, so war gleichzeitig der deutschtümelnde Antisemitismus der Seebäder, aber auch alpiner Sommerfrischen, der in den zwanziger Jahren seinen Höhepunkt erlebte, die Einübung der aggressiven Ausgrenzung der Minderheit durch das Bürgertum. Die wilhelminische Gesellschaft war gewiss nicht durch und durch judenfeindlich – das beweist auch der nur geringe Erfolg des politischen Antisemitismus –, aber Judenfeindschaft wurde handhabbar gemacht, Rezepturen des Hasses wurden entwickelt, die nach dem Ersten Weltkrieg zur Anwendung bereitlagen.

Lange vor dem Ersten Weltkrieg formierten sich die Antisemiten in politischen Gruppen. Es begann mit Wilhelm Marrs Antisemiten-Liga, die 1879 gegründet wurde und 600 Mitglieder gehabt haben soll. Hofprediger Stoecker suchte seine Bestrebungen mit Hilfe einer »Christlich-Sozialen Partei« zu fördern. Im September 1882 trafen sich zu einem ersten antijüdischen Kongress in Dresden 300–400 Antisemiten, die sich allerdings auf kein gemeinsames Programm verständigen konnten. Es war eine Handvoll Vereine, die sich mit konservativen, antikapitalistischen, sozialdemagogischen Ideologiesplittern profilierten und deren antiliberale und antidemokratische Überzeugungen übereinstimmten. Die antisemitischen Parteien waren in Wirklichkeit Sekten, geführt von miteinander konkurrierenden Demagogen. So existierte in Dresden seit 1881 die »Deutsche Reformpartei«, in Kassel rief der Bibliothekar Otto Böckel 1886 die »Deutsche Antisemitische Vereinigung« ins Leben. Im Juni 1889 traf man sich auf einem »Antisemitentag« in Bochum; mit Ausnahme Adolf Stoeckers einigten sich die versammelten Fanatiker auf gemeinsame Grundsätze und Forderungen. Aber schon über der Suche nach einem gemeinsamen Namen trennten sie sich wieder. Es gab nun eine »Antisemitische Deutschsoziale Partei« und eine »Deutschsoziale Partei«, ab Juli 1890 eine wiederum von Otto Böckel in Erfurt neu gegründete »Antisemitische Volkspartei«, die sich ab 1893 »Deutsche Reformpartei« nannte.

Bei den Reichstagswahlen errangen die antisemitischen Sekten und Gruppierungen 1890 fünf und 1893 16 Mandate. Dazu kam der parteilose Demagoge Hermann Ahlwardt, der als hemmungsloser Populist und Radau-Antisemit zwar überwiegend auf Gelächter stieß, aber durch seine lautstarke Artikulation judenfeindlicher Ressentiments öffentlich wirksam blieb. Der Höhepunkt des organisierten Antisemitismus war schon in den neunziger Jahren überschritten. Politischen Einfluss hatten die Judenhasser im Kaiserreich nicht gewonnen, kulturell und sozial aber hatten sie zum Klima der Zeit einen nicht zu unterschätzenden Beitrag geleistet. Vor allem hatten sie durch Agitation und Publizistik die Schlagworte der Judenfeindschaft in die öffentliche Diskussion eingeführt, die bei Bedarf aktiviert werden konnten.

Der Erste Weltkrieg, eine Zeit heftiger nationaler Emotionen und damit der Ausgrenzung, des Agierens mit Feindbildern gegen Fremde, bot auch – mit abnehmendem Kriegsglück im zunehmenden Maß – dem Antisemitismus neue Entwicklungsmöglichkeiten. Ungeachtet der Tatsache, dass das deutsche Judentum die Kriegsbegeisterung des Sommers 1914 ungeteilt mitmachte und dass die Zahl der jüdischen Freiwilligen gemessen am jüdischen Bevölkerungsanteil überdimensional groß war, machte das Gerücht von der »jüdischen Drückebergerei« die Runde, und als zweites antisemitisches Stereotyp war die Überzeugung landläufig, dass Juden als die »geborenen Wucherer und Spekulanten« sich als Kriegsgewinnler an der Not des Vaterlandes bereichert hätten.

Nachdem sich seit Ende 1915 die antijüdischen Eingaben und Denunziationen häuften, in denen behauptet wurde, jüdische Wehrpflichtige seien in großer Zahl vom Kriegsdienst befreit worden und die Juden im Militärdienst seien vor allem in der Etappe zu finden, befahl der preußische Kriegsminister am 11. Oktober 1916 eine statistische Erhebung über die Dienstverhältnisse der deutschen Juden im Kriege. War diese Anordnung zur »Judenzählung« an sich schon ein antisemitischer Affront, so macht die Tatsache, dass die Ergebnisse nicht veröffentlicht wurden, die Angelegenheit vollends zum Skandal.[12] Wenn die »Judenzählung«, wie behauptet wurde, amtlich die Unhaltbarkeit der Beschwerden beweisen sollte, so sanktionierte sie, weil das Resultat trotz jüdischer Publikationsforderungen geheim blieb, die antisemitischen Ressentiments mit lang anhaltender Wirkung, von der die NSDAP und andere Rechtsparteien die Zeit der Weimarer Republik hindurch profitieren konnten. Entgegen den Aufklärungskampagnen des »Reichsbunds jüdischer Frontkämpfer«, der bis 1933 die Öffentlichkeit auf den tatsächlichen Einsatz der deutschen Juden im Weltkrieg aufmerksam machte, blieb eine große und zunehmend einflussreiche Zahl von Deutschen davon überzeugt, »die Juden« seien

Drückeberger und hätten den Krieg vor allem zu unsauberen Geschäften benutzt. Auch wegen dieser Folgewirkungen konnte die Judenzählung im Heer als »die größte Ungeheuerlichkeit« bezeichnet werden, »deren sich eine Behörde je schuldig gemacht hat«.[13]

Der Ausgang des Ersten Weltkrieges wurde für die Mehrheit der Deutschen zum Trauma, die Niederlage und ihre Folgen empfanden sie als Demütigung, als ungerecht erlittene Schmach. Die Suche nach Schuldigen gehörte zum trotzigen Habitus, den nationalistische, völkische, rechtsradikale Gruppierungen pflegten und in Kundgebungen, Aufmärschen, in Versammlungen und bei »Deutschen Tagen« sowie ähnlichen Anlässen an den Tag legten. Adolf Hitler war zunächst nur einer unter vielen Eiferern, die in den Jahrzehnten vor dem Ersten Weltkrieg Judenfeindschaft als Erklärungsmodell für viele Übel in ihr Weltbild aufgenommen hatten. Die ›Protokolle der Weisen von Zion‹, jenes infam kompilierte Pamphlet, mit dem eine Weltverschwörung der Juden bewiesen werden sollte, begannen unmittelbar nach dem Ersten Weltkrieg ihren Siegeszug.[14] Auch die anderen Konstrukte der Judenfeindschaft, die in den Traktaten der Kaiserzeit vorbereitet wurden, waren Hitler und seiner Gemeinde geläufig. Die »Nationalsozialistische Deutsche Arbeiterpartei«, zunächst nur eine von vielen Sekten, die sich in Bräustuben und bei Umzügen an der eigenen Wut über das Elend des Vaterlandes berauschten, nutzten Judenfeindschaft als Bindekitt für ein krauses Programm aus antiliberalen, antidemokratischen, völkischen, antikapitalistischen und antibolschewistischen Gemeinplätzen. Antisemitismus wurde in der Weimarer Republik zum Leitmotiv politischer Auseinandersetzung.

Im Programm der NSDAP waren seit 1920 die Lehr- und Grundsätze eines ausgrenzenden Rassismus fixiert, der sich vor allem gegen Juden richtete:

- »Staatsbürger kann nur sein, wer Volksgenosse ist. Volksgenosse kann nur sein, wer deutschen Blutes ist, ohne Rücksicht auf Konfession. Kein Jude kann daher Volksgenosse sein.«

– »Wer nicht Staatsbürger ist, soll nur als Gast in Deutschland leben können und muss unter Fremdengesetzgebung stehen.«
– »Das Recht, über Führung und Gesetze des Staates zu bestimmen, darf nur dem Staatsbürger zustehen.«
– »Jede weitere Einwanderung Nichtdeutscher ist zu verhindern. Wir fordern, dass alle Nichtdeutschen, die seit dem 2. August 1914 in Deutschland eingewandert sind, sofort zum Verlassen des Reiches gezwungen werden.«[15]

Diese Programmpunkte sind bis zur Machtübernahme der Nationalsozialisten von vielen nicht ernst genommen worden. Andere, wie die bürgerlich-konservativen und reaktionären Politiker, die in der Deutschnationalen Volkspartei und weiteren Gruppierungen den Ton angaben, sahen den Antisemitismus der Nationalsozialisten als Empfehlung und waren gesonnen, die von ihnen wegen des proletenhaften Auftretens und ihres Propagandaradaus eher verachteten Radikalen der Hitlerpartei zu benutzen, um die grobe Arbeit zu verrichten auf dem Wege zu einer autoritären Staats- und Gesellschaftsordnung. Dann wollten sie die Nazis abservieren. Das kam freilich anders. Die gemeinsame ausgrenzende Judenfeindschaft spielte jedenfalls eine beträchtliche Rolle im Bündnis der Konservativen mit den Rechtsradikalen am Ende der Weimarer Republik.

Die Gewaltakte und Pöbeleien gegen Juden nach dem 30. Januar 1933, die vor allem von der SA zu verantworten waren, nahm die Mehrheit der Deutschen nicht als Beginn einer systematischen Judenverfolgung wahr. Man hielt den Krawall im Frühjahr 1933 für Siegestaumel und Überschwang der »nationalen Revolution«, der sich bald legen werde. Presseberichte im Ausland über Ausschreitungen gegen Juden in Deutschland wurden als »Greuelhetze« des »internationalen Judentums« dargestellt und boten Anlass zu einer Aktion, die von der NSDAP am 28. März 1933 angeordnet wurde: Ab 1. April sollten jüdische Geschäfte, Ärzte und Anwälte boykottiert werden. Das war vom »Zentralkomitee zur Abwehr der jüdischen Greuel- und Boykotthetze« unter Leitung des notorischen

Antisemiten Julius Streicher als angeblich defensive Maßnahme propagiert worden. »Der Jude« habe »es gewagt, dem deutschen Volk den Krieg zu erklären. Er betreibt in der ganzen Welt mit Hilfe der in seinen Händen befindlichen Presse einen groß angelegten Lügenfeldzug gegen das wieder national gewordene Deutschland«, hieß es im Aufruf zur Massenkundgebung, die als Auftakt des Boykotts am Vorabend des 1. April 1933 in München veranstaltet wurde.[16]

Der Boykott war dann nicht nur wegen der verheerenden Resonanz im Ausland ein Fehlschlag, es war auch zu individuellen Solidaritätsbekundungen aus der Mehrheit mit den Juden gekommen. Die Aktion wurde abgebrochen; mit dem Ende der spontanen Gewalt gegen einzelne Angehörige der Minderheit begann aber nun die organisierte Verfolgung, die in der ersten Stufe Gesetzgebungsakte zur Entrechtung der Juden mit diskriminierender Propaganda verband.

Amtshandlungen und Verfügungen, die sich gegen Juden richteten, erfolgten seit März 1933 auf vielen Ebenen. Das Reichsministerium des Innern teilte den Landesregierungen durch Runderlass am 15. März mit, dass die Zuwanderung von Ostjuden künftig abgewehrt werden müsse. Länderregierungen und städtische Magistrate zeigten großen Erfindungsreichtum gegen Juden. In Sachsen wurde das Schächten von Schlachttieren verboten, und am gleichen Tag, dem 22. März 1933, hob Thüringen die Geschwisterermäßigung beim Schulgeld für jüdische Schüler auf. Die Stadt Köln untersagte die Berücksichtigung jüdischer Firmen bei öffentlichen Aufträgen am 27. März, im Land Hessen erschien eine Richtlinie für die Presse, die es als »Ehrensache« deklarierte, »fremdrassige internationale jüdische Einflüsse« aus dem Nachrichten-, Unterhaltungs- und Anzeigenteil der Zeitungen auszuschalten. Die Reichshauptstadt Berlin entließ am 31. März die jüdischen Wohlfahrtsärzte, am gleichen Tag ordnete das bayerische Innenministerium die Kündigung aller Schulärzte »jüdischer Rasse« an. In Köln konnten jüdische Sportler die städtischen Sportplätze nicht mehr benutzen, in Düsseldorf wurde die Ausstellung von Pässen für Juden verboten, in München durften jüdische Ärzte in Krankenhäusern nur noch jüdische Patienten behandeln. Am gleichen Tag (4. April 1933) ließ der Deutsche Boxerverband verlautbaren, dass jüdische Faustkämpfer von der Beteiligung an Wettkämpfen von nun an ausgeschlossen seien.[17]

Bis zur ersten und nachhaltig folgenreichen Diskriminierung von Juden durch ein Reichsgesetz dauerte es nur zwei Monate und eine Woche nach der Machtübernahme durch die Hitlerregierung. Das »Gesetz zur Wiederherstellung des Berufsbeamtentums« vom 7. April 1933 bedeutete das Berufsverbot für Juden im öffentlichen Dienst, der »Arierparagraph« diente zugleich in allen anderen Lebensbereichen als Ausschlussgrund für die Juden. Das geschah allerdings in freiwilliger Übernahme nationalsozialistischer Ideologie, denn kein Turnverein oder Sängerbund, keine Wandergemeinschaft musste Juden ausschließen, aber alle taten es. Seit September 1933 wurden vom Deutschen Automobil Club keine Juden mehr aufgenommen, ab Januar 1934 wollten die Freiwilligen Feuerwehren in Preußen keine jüdischen Mitglieder mehr haben. Schlimmer noch waren die Berufsverbote auf vielen Ebenen. Am 28. Februar 1934 wurden Juden aus der Wehrmacht ausgeschlossen. Schon im September 1933 hatte die Generalsynode der Preußischen Union der Evangelischen Kirche beschlossen, dass »Nicht-Arier« nicht als Geistliche oder Beamte der kirchlichen Verwaltung berufen werden durften. Gleiches galt, wenn sie mit Jüdinnen verheiratet waren. Das »Schriftleitergesetz« verdrängte jüdische Journalisten im Oktober 1933 aus den Redaktionen, eine Verfügung des preußischen Innenministers richtete sich gegen jüdische Herrenreiter und Jockeys, ein Auftrittsverbot machte im März 1935 jüdische Schauspieler brotlos. Das sind nur Beispiele.[18]

Im September 1935 wurden auf dem »Reichsparteitag der Freiheit« die »Nürnberger Gesetze« verabschiedet, mit denen die deutschen Juden zu Einwohnern minderen Rechts degradiert wurden. Das »Reichsbürgergesetz« unterschied jetzt »arische« Vollbürger des Deutschen Reiches mit politischen Rechten und »Nicht-Arier« als »Staatsangehörige« ohne politische Rechte. Das »Gesetz zum Schutz des deutschen Blutes und der deutschen Ehre« verbot Eheschließungen zwischen Juden und Nichtjuden und stellte sexuelle Beziehungen zwischen »Deutschblütigen« und Juden nach dem neu eingeführten Delikt »Rassenschande« unter drakonische Strafe. Mit diesen beiden Nürnberger Gesetzen war die Emanzipation der Juden definitiv rückgängig gemacht und gleichzeitig der Weg zur physischen Vernichtung der Minderheit bereitet. Die mörderische Konsequenz war freilich noch nicht zu erkennen, auch nicht von den Betroffenen, die jetzt ausschließlich nach rassistischen Kategorien behandelt wurden, unabhängig davon, ob sie sich selbst als Juden verstanden, einer jüdischen Kultusgemeinde angehörten oder überhaupt von ihrer jüdischen Abstammung wussten. Spitzfindige Definitionen, wer Jude im Sinne der neuen Gesetze war, wer als »Mischling« ersten oder zweiten Grades eingestuft, wer zum »Geltungsjuden« deklariert wurde, wer den Makel »jüdisch versippt« zu tragen hatte, wer in »privilegierter Mischehe« vor Verfolgung (nicht vor Diskriminierung) geschützt war, bestimmten den Alltag der Minderheit, während die Mehrheit durch »Abstammungsnachweise« die verhängnisvollen Konsequenzen des »Arierparagraphen« vermeiden konnte.[19]

Ende April 1938 waren alle Juden gezwungen worden, ihr Vermögen, wenn es 5000 Reichsmark überstieg, zu deklarieren, ab Juli mussten jüdische Unternehmen äußerlich gekennzeichnet werden, ebenfalls im Juli wurde ein besonderer Personalausweis für Juden eingeführt, im August erging die Verordnung zur Führung der zusätzlichen Zwangsvornamen Sara bzw. Israel, ab Anfang Oktober wurde ein rotes »J« in die Reisepässe der Juden gestempelt (die Anregung kam aus der Schweiz[20], deren Behörden jüdische Flüchtlinge aus Deutschland und Österreich gleich erkennen wollten, um sie abweisen zu können). Im Oktober 1938 hatte Hermann Göring als Beauftragter für den Vierjahresplan bei einer Konferenz über Rüstungsziele die Ausschaltung der Juden aus der Wirtschaft angekündigt, bereits ab Mitte 1938 war jüdischen Kindern der Besuch »deutscher« Schulen untersagt. Das waren längst nicht alle Maßnahmen. Die Diskriminierungen und Schikanen, die man sich auf lokaler Ebene ausdachte, wie Parkbänke mit der Aufschrift »nur für Arier«, Verbote, städtische Badeanstalten zu besuchen, die Tafeln am Ortseingang oder an Eingängen zu Restaurants, Hotels und Geschäften: »Juden sind hier unerwünscht« und viele andere Diffamierungen, lassen sich kaum vollständig aufzählen.

Im Oktober 1938 unternahm der NS-Staat dann einen Schritt, der weit über die bisherige Methode der Ausgrenzung hinausging und, in ganz anderem Ausmaß und bisher nicht gekannter Brutalität, die Vertreibung einer jüdischen Bevölkerungsgruppe beabsichtigte.[21] Die Aktion traf etwa 17 000 Menschen polnischer Nationalität, die im ganzen Deutschen Reich verhaftet, in Gefängnissen und Sammellagern interniert und dann in Sonderzügen an die polnische Grenze gefahren wurden. Dort trieb man sie unter Beschimpfungen und Schlägen über die Reichsgrenze. Auf der anderen Seite verhinderten aber polnische Soldaten mit Waffendrohung und ebenfalls unter reichlichem Gebrauch antisemitischer Schmährufe den Grenzübertritt. Die Abschiebung misslang weitgehend. Die deutsche Politik gegenüber den Unerwünschten änderte sich aber nicht. Sie sollte von nun an nur diskreter verwirklicht werden, nicht mehr durch Massendeportation, sondern durch Austreibung in kleinen Gruppen über die grüne Grenze. Das sollte bis 31. Juli 1939 durchgeführt werden.

Der barbarische Akt der Vertreibung der polnischen Juden aus Deutschland löste indirekt ein Ereignis aus, das als Wendepunkt nationalsozialistischer Politik gegen die Juden bekannt geworden ist: die November-Pogrome des Jahres 1938.[22] Der 9. November markiert damit den Umschlag staatlichen Handelns von legislativer und administrativer Diskriminierung der jüdischen Minderheit in brachiale Gewalt. Als Vorwand diente das Attentat des 17-jährigen Herschel Grynszpan auf Ernst vom Rath, einen Beamten der Deutschen Botschaft in Paris.

In München waren am Abend dieses Tages die »Alten Kämpfer« der NSDAP zur alljährlichen Traditionsfeier des Putschversuches von 1923 versammelt. Es war der richtige Moment für die Inszenierung des Pogroms, für den die Bezeichnung »Reichskristallnacht« populär wurde. Die Stimmung war durch eine Pressekampagne längst angeheizt. In Nordhessen und Anhalt hatte es bereits am Vortag Ausschreitungen gegen Synagogen und jüdische Geschäfte aus lokaler Initiative gegeben. In München predigte Joseph Goebbels am Abend des 9. November Rache und »Vergeltung«. Über Gau-Propagandaämter und von diesen weiter zu den Kreis- und Ortsgruppenleitungen bzw. zu den SA-Stäben im ganzen Deutschen Reich gaben die Parteioberen aus München, nun schon in der Form des Befehls, am späten Abend des 9. November telefonisch die Stimmung weiter. Das war so auch mit Hitler verabredet.

Die Aufforderung zur Gewalt gegen die Juden wurde bei den Nationalsozialisten im ganzen Land verstanden, wenige Stunden später gingen Synagogen in Flammen auf, wurden Juden öffentlich misshandelt, wurde jüdisches Eigentum zerstört und geplündert. Die Aufforderung zum Pogrom durch die NSDAP kam einem bei vielen Parteigenossen seit der »Kampfzeit der Bewegung« brachliegenden Aktionsbedürfnis entgegen.[23] Das Ereignis war als öffentliches Ritual der Erniedrigung und Demütigung der jüdischen Minderheit inszeniert. Diesem Zweck diente nicht nur die Zerstörung des Eigentums, die Verhöhnung und Misshandlung der Menschen in der Nacht und am folgenden Tag. Der Befehl zur Inhaftierung von mindestens 26 000 jüdischen Männern in den drei Konzentrationslagern Dachau, Buchenwald und Sachsenhausen hatte das Ziel, Druck zur Auswanderung auszuüben. Deshalb hatte man vor allem gutsituierte Juden ausgewählt und ließ sie wieder frei, wenn die Angehörigen eine Emigrationsmöglichkeit vorweisen konnten.[24]

Im Reichsluftfahrtministerium konferierten am 12. November 1938 unter Hermann Görings Vorsitz Vertreter aller Reichsministerien und der deutschen Versicherungswirtschaft über die Folgen des Pogroms. Die Enteignung der Juden war zu diesem Zeitpunkt schon beschlossene Sache, die vollständige »Arisierung« der deutschen Wirtschaft bereits von Hitler entschieden. Einig waren sich die Minister und Beamten auf der Sitzung am 12. November, dass die Juden nicht nur für die Pogromschäden haften sollten (durch die Beschlagnahme der Versicherungsleistungen war sichergestellt, dass sie auch wirklich geschädigt blieben), dazu kam außer der »Sühneleistung« von einer Milliarde Reichsmark die Verpflichtung, das Straßenbild wieder herzustellen, als sei nichts geschehen.[25]

Im Herbst 1938, zur Zeit der Novemberpogrome, befanden sich von ehemals etwa 100 000 jüdischen Betrieben noch 40 000 in Händen ihrer rechtmäßigen Besitzer. Am stärksten hatten die »Arisierungen« im Einzelhandel zu Buche geschlagen, von 50 000 Geschäften waren noch 9000 übrig. Die Zahl der jüdischen Arbeitslosen war stetig angestiegen, Berufsverbote und erzwungene Verkäufe hatten zur Verarmung vieler Juden geführt. Die »Verordnung zur Ausschaltung der Juden aus dem deutschen Wirtschaftsleben« vom 12. November 1938 vernichtete die noch verbliebenen Existenzen. Ab dem 1. Januar 1939 war Juden das Betreiben von Einzelhandelsgeschäften, ebenso das Anbieten von Waren und gewerblichen Leistungen auf Märkten und Festen sowie das Führen von Handwerksbetrieben untersagt. Die Betriebe wurden, in der Regel zu einem Bruchteil ihres Wertes, in die Hände von nichtjüdischen Besitzern überführt (»arisiert«) oder aufgelöst, für den jüdischen Eigentümer bedeutete es in jedem Falle den Ruin, denn auch über den Erlös konnte er nicht verfügen, da er auf Sperrkonten eingezahlt werden musste und später zugunsten des Deutschen Reiches konfisziert wurde.

Nach dem Novemberpogrom kam mit dem Verbot jüdischer Zeitungen und Organisationen das noch verbliebene öffentliche Leben der Juden zum Erliegen. Ausgeraubt und verelendet, blieb ihnen nur die private Existenz unter zunehmend kläglichen Umständen, unter immer neuen Schikanen. Am 30. April 1939 begannen mit dem »Gesetz über Mietverhältnisse mit Juden« die Vorbereitungen der Zusammenlegung jüdischer Familien in »Judenhäusern«. Die Juden sollten in Wohnungen zusammengedrängt werden, um den Verfolgern die Überwachung (und später die Deportation) zu erleichtern. »Ariern«, so die Begründung, sei das Zusammenleben mit Juden im gleichen Haus nicht zuzumuten.

Der Kriegsbeginn am 1. September 1939 war Anlass für neue Schikanen gegen die noch in Deutschland lebenden Juden. Sie durften im Sommer ab 21.00 Uhr und im Winter ab 20.00 Uhr ihre Wohnungen nicht mehr verlassen. Als »Reichsfeinden« war ihnen ab 20. September der Besitz von Rundfunkempfängern, ab 19. Juli 1940 der von Telefonen verboten. Seit September 1939 konnten Juden nur noch in bestimmten Läden ihre (gegenüber »Ariern« erheblich gekürzten) Lebensmittelrationen erwerben; oftmals durften sie auch erst am späten Nachmittag einkaufen, wenn es keine Waren mehr gab. Penible Bürokraten dachten sich immer neue Verbote aus, z. B. Haustiere zu halten oder Leihbüchereien zu benutzen.

Seit Dezember 1938 waren Juden zur Zwangsarbeit verpflichtet, sie ersetzten in der Rüstungsindustrie die zur Wehrmacht Eingezogenen unter diskriminierenden Bedingungen im »geschlossenen Arbeitseinsatz«, d. h. sie wurden abgesondert von der »arischen« Belegschaft beschäftigt.[26] Ab 15. September 1941 musste jeder Jude vom sechsten Lebensjahr an einen gelben Stern auf der Kleidung aufgenäht tragen. Damit war durch Polizeiverordnung die öffentliche Demütigung und Stigmatisierung vollkommen, die Überwachung der verfolgten Minderheit perfekt. Ein lakonischer Erlass des Reichssicherheitshauptamts bildete am 23. Oktober 1941 eine neue Wegmarke: »Die Auswanderung von Juden aus Deutschland ist ausnahmslos für die Dauer des Krieges verboten«, und in einem Runderlass Himmlers Anfang Januar 1942 war die Absicht des NS-Regimes noch deutlicher formuliert, als es hieß, angesichts der angestrebten »Endlösung der Judenfrage« werde die Auswanderung von Juden deutscher Staatsangehörigkeit und staatenloser Juden aus dem Deutschen Reich unterbunden. Die Entscheidung zum Mord war gefallen.[27]

Im Herbst 1941 begann mit der systematischen, bürokratisch geregelten und bis ins Detail programmierten Deportation der Juden aus Deutschland die letzte Phase nationalsozialistischer Judenpolitik. Sie war nunmehr zielstrebig und ausschließlich darauf gerichtet, die europäische Judenheit auszurotten.[28] Die Wannsee-Konferenz im Januar 1942, zu der Reinhard Heydrich als Chef des Reichssicherheitshauptamts geladen hatte, war keineswegs der Ort, an dem die Entscheidung zum Judenmord fiel, es ging vielmehr um die Information hochrangiger Funktionäre des Regimes, um logistische und organisatorische Probleme des Genozids, der längst im Gange war.[29]

Seit dem 1. Juli 1943 waren die Juden in Deutschland (durch die 13. Verordnung zum Reichsbürgergesetz) unter Polizeirecht gestellt, d. h. für sie gab es keine Rechtsinstanzen mehr. Aber zu diesem Zeitpunkt lebten nicht mehr viele Juden in Deutschland. Etwas mehr als die Hälfte war ausgewandert. Die anderen waren »evakuiert«, das hieß in Sammeltransporten »Richtung Osten« deportiert worden. Offiziell war das Deutsche Reich »judenfrei«. Einige wenige hatten sich in die Illegalität geflüchtet, andere lebten in dem zweifelhaften Schutz, den »Mischehen« mit nichtjüdischen Partnern boten, jederzeit gewärtig, das Schicksal der Mehrheit der deutschen Juden, die Deportation und den Tod im Vernichtungslager, zu teilen.[30]

Zu fragen bleibt, wie wirksam die Postulate der Antisemiten des 19. Jahrhunderts im Vergleich zu denen der zur radikalen Tat entschlossenen Nationalsozialisten waren. Tatsächlich, das zeigt die Betrachtung der älteren Texte, waren die Vernichtungsphantasien im 19. Jahrhundert schon vorhanden, allerdings verborgen unter abstrakten Formulierungen: »Unschädlichmachung«, »Entjudung«, »Entfernung«, »Ausmerzung« sind Begriffe aus der antisemitischen Literatur des 19. Jahrhunderts. Eugen Dühring, einer der Ideengeber Hitlers, schrieb: »Die Judenhaftigkeit läßt sich aber nicht anders als mit den Juden beseitigen«[31]. Ein Vertreter des Sozialdarwinismus empfahl schon 1875: »Die Schmarotzer ausrotten, oder doch ihr Wuchern verhindern«, um das dumpfe Dunkel zu verscheuchen, »in welchem der Schmarotzer gedeiht und in welchem der germanische Volksgeist verkümmert«.[32]

Die Schmarotzer- und Parasiten-Metaphorik, die in der nationalsozialistischen Propaganda eine erhebliche Rolle spielte, war also unter deutschtümelnden Antisemiten des 19. Jahrhunderts längst im Schwange. Einer von ihnen meinte im Jahre 1891: »Die einfachste und praktischste Lösung wäre allerdings die, wenn man den Spieß umkehrte und man den Juden das täte, was sie gegen uns lehren und was sie auch gegen uns unternehmen, soweit sie es ungestraft tun können. Man würde sie dann, wie die Engländer es mit den Thugs in Ostindien gemacht haben, ohne Rücksicht auf Alter und Geschlecht sämtlich totschlagen. Selbstredend ist eine solche Lösung, wenigstens für uns Deutsche, ausgeschlossen.«[33]

50 Jahre später – Antisemitismus war längst Staatsdoktrin geworden – war mit dem Schlagwort der »Endlösung der Judenfrage« der Weg nach Auschwitz beschritten. Stationen waren die Ausgrenzung aus der Gesellschaft, die Vernichtung der wirtschaftlichen Existenzmöglichkeiten durch Berufsverbote, die Entrechtung, schließlich brachiale Gewalt, die Druck zur Auswanderung machte, bis diese im Herbst 1941 verboten wurde. Vertreibung war bis dahin das Ziel der nationalsozialistischen Politik gewesen. Ab Sommer 1941 war es der Völkermord.

Anmerkungen

[1] Vgl. Daniel Gerson, Die Kehrseite der Emanzipation in Frankreich. Judenfeindschaft im Elsass 1778–1848, Essen 2006.

[2] Wolfgang Benz, Die jüdische Erfahrung. Die Legende von der deutsch-jüdischen Symbiose vor 1933, in: ders., Bilder vom Juden. Studien zum alltäglichen Antisemitismus, München 2001.

[3] Vgl. Rainer Erb/Werner Bergmann, Die Nachtseite der Judenemanzipation. Der Widerstand gegen die Integration der Juden in Deutschland 1780–1860, Berlin 1989.

[4] Hans-Günter Zmarzlik, Der Sozialdarwinismus in Deutschland als geschichtliches Problem, in: Vierteljahrshefte für Zeitgeschichte 11 (1963), S. 246ff.

[5] Heinrich von Treitschke, Unsere Aussichten, in: Preußische Jahrbücher 44 (1879), H. 5, S. 559–576, Wortlaut in: Karsten Krieger (Bearb.), Der »Berliner Antisemitismusstreit« 1879–1881. Kommentierte Quellenedition im Auftrag des Zentrums für Antisemitismusforschung, München 2003.

[6] Wilhelm Marr, Der Sieg des Judenthums über das Germanenthum. Vom nicht confessionellen Standpunkt aus betrachtet, Bern 1879.

[7] Vgl. Daniela Weiland, Otto Glagau und »Der Kulturkämpfer«. Zur Entstehung des modernen Antisemitismus im frühen Kaiserreich, Berlin 2004.

[8] Vgl. Volker Losemann, Rassenideologien und antisemitische Publizistik in Deutschland im 19. und 20. Jahrhundert, in: Wolfgang Benz/Werner Bergmann (Hrsg.), Vorurteil und Völkermord. Entwicklungslinien des Antisemitismus, Freiburg i. Br. 1997, S. 304–337.

[9] Houston Stewart Chamberlain, Die Grundlagen des 19. Jahrhunderts, München 1899.

[10] Jens Malte Fischer, Richard Wagners »Das Judentum in der Musik«, Frankfurt a. M. 2000; Dieter Borchmeyer/Ami Maayani/Susanne Vill (Hrsg.), Richard Wagner und die Juden, Stuttgart 2000; Saul Friedländer/Jörn Rüsen (Hrsg.), Richard Wagner im Dritten Reich, München 2000; Marc A. Weiner, Antisemitische Fantasien. Die Musikdramen Richard Wagners, Berlin 2000; Winfried Schüler, Der Bayreuther Kreis von seiner Entstehung bis zum Ausgang der Wilhelminischen Ära. Wagnerkult und Kulturreform im Geiste völkischer Weltanschauung, Münster 1971.

[11] Frank Bajohr, »Unser Hotel ist judenfrei«. Bäder-Antisemitismus im 19. und 20. Jahrhundert, Frankfurt am Main 2003.

[12] Helmut Berding, Der Aufstieg des Antisemitismus im Ersten Weltkrieg, in:

Wolfgang Benz/Werner Bergmann (Hrsg.), Vorurteil und Völkermord. Entwicklungslinien des Antisemitismus, Freiburg i. Br. 1997, S. 286–303.

[13] Werner T. Angress, Das deutsche Militär und die Juden im Ersten Weltkrieg, in: Militärgeschichtliche Mitteilungen 19/1 (1976), S. 77–146; Jürgen Matthäus, Deutschtum and Judentum under Fire. The Impact of the First World War on the Strategies of the Centralverein and the Zionistische Vereinigung, in: Leo Baeck Institute Year Book 33 (1988), S. 129–176.

[14] Vgl. Jeffrey L. Sammons (Hrsg.), Die Protokolle der Weisen von Zion. Die Grundlage des modernen Antisemitismus – eine Fälschung. Text und Kommentar, Göttingen 1998.

[15] 25-Punkte-Programm der NSDAP (24. Februar 1920), Punkte 4, 5, 6, 8.

[16] Wolfgang Benz (Hrsg.), Die Juden in Deutschland 1933–1945. Leben unter nationalsozialistischer Herrschaft, 3. Aufl. München 1993, S. 26.

[17] Josef Walk (Hrsg.), Das Sonderrecht für die Juden im NS-Staat. Eine Sammlung der gesetzlichen Maßnahmen und Richtlinien – Inhalt und Bedeutung, Heidelberg 1981.

[18] Saul Friedländer, Das Dritte Reich und die Juden. Die Jahre der Verfolgung 1933–1939, München 1998.

[19] Lothar Gruchmann, »Blutschutzgesetz« und Justiz. Entstehung und Anwendung des Nürnberger Gesetzes vom 15. September 1935, in: Vierteljahrshefte für Zeitgeschichte 31 (1983), S. 418–442; Cornelia Essner, Die Alchemie des Rassenbegriffs und die »Nürnberger Gesetze«, in: Jahrbuch für Antisemitismusforschung 4 (1995), S. 201–225; vgl. Bernhard Lösener, Als Rassereferent im Reichsministerium des Innern, in: Vierteljahrshefte für Zeitgeschichte 9 (1961), S. 262–313.

[20] Jacques Picard, Die Schweiz und die Juden 1933–1945. Schweizerischer Antisemitismus, jüdische Abwehr und internationale Migrations- und Flüchtlingspolitik, Zürich 1994.

[21] Yfaat Weiss, »Ostjuden« in Deutschland als Freiwild. Die nationalsozialistische Außenpolitik zwischen Ideologie und Wirklichkeit, in: Tel Aviver Jahrbuch für deutsche Geschichte 23 (1994), S. 215–232; Sibyl Milton, The Expulsion of the Polish Jews from Germany 1938, in: Leo Baeck Institute Yearbook 29 (1984), S. 169–199; Bettina Goldberg, Die Zwangsausweisung der polnischen Juden aus dem Deutschen Reich im Oktober 1938 und die Folgen, in: Zeitschrift für Geschichtswissenschaft (1998), S. 971–984; Michael G. Esch, Die Politik der polnischen Vertretungen im Deutschen Reich 1935 bis 1939 und der Novemberpogrom 1938, in: Jahrbuch für Antisemitismusforschung 8 (1999), S. 131–154.

[22] Hermann Graml, Reichskristallnacht. Antisemitismus und Judenverfolgung

im Dritten Reich, München 1988; Novemberpogrom 1938. Reaktionen und Wirkungen. Themenheft Zeitschrift für Geschichtswissenschaft 46 (1998), Heft 11.

[23] Wolfgang Benz, Applaus, Beteiligung, Mißbilligung. Zum Verhalten des Publikums in der »Reichskristallnacht«, ebenda, S. 963–970.

[24] Barbara Distel, »Die letzte ernste Warnung vor der Vernichtung«. Zur Verschleppung der »Aktionsjuden« in die Konzentrationslager nach dem 9. November 1938, in: Zeitschrift für Geschichtswissenschaft 46 (1998), S. 985–990; Heiko Pollmeier, Inhaftierung und Lagererfahrung deutscher Juden im November 1938, in: Jahrbuch für Antisemitismusforschung 8 (1999), S. 107–130; Wolfgang Benz, Mitglieder der Häftlingsgesellschaft auf Zeit. Die »Aktionsjuden«1938/39, in: Dachauer Hefte 21 (2005), S. 179–196.

[25] Stenographische Niederschrift der Besprechung über die Judenfrage bei Göring am 12. November 1938, Nürnberger Dokument PS 1816; vgl. Besprechung bei Generalfeldmarschall Göring am 14. Oktober 1938 im Reichsluftfahrtministerium, PS 1449; s. a. Susanne Heim/Götz Aly, Staatliche Ordnung und »organische Lösung«. Die Rede Hermann Görings »Über die Judenfrage« vom 6. Dezember 1938, in: Jahrbuch für Antisemitismusforschung 2 (1992), S. 378–404.

[26] Wolf Gruner, Der Geschlossene Arbeitseinsatz deutscher Juden. Zur Zwangsarbeit als Element der Verfolgung 1938–1943, Berlin 1997; ders., Zwangsarbeit und Verfolgung. Österreichische Juden im NS-Staat 1938–45, Innsbruck 2000.

[27] Vgl. Walk, Sonderrecht, S. 353, 361, 363; Nürnberger Dokument NG 3935.

[28] Wolfgang Benz, Der Holocaust, München 1995.

[29] Kurt Pätzold/Erika Schwarz, Tagesordnung: Judenmord. Die Wannsee-Konferenz am 20. 1. 1942. Eine Dokumentation zur Organisation der Endlösung, Berlin 1992.

[30] Wolfgang Benz (Hrsg.), Überleben im Dritten Reich. Juden im Untergrund und ihre Helfer, München 2003; Beate Kosmala/Claudia Schoppmann (Hrsg.), Überleben im Untergrund. Hilfe für Juden in Deutschland 1941–1945, Berlin 2002.

[31] Christoph Cobet, Der Wortschatz des Antisemitismus in der Bismarckzeit, München 1973, S. 133.

[32] Ottomar Beta, Darwin, Deutschland und die Juden oder der Juda-Jesuitismus, Berlin 1875, S. 34 (zit. nach Cobet, S. 213).

[33] Carl Paasch, Eine jüdisch-deutsche Gesandtschaft und ihre Helfer. Geheimes Judentum, Nebenregierungen und jüdische Weltherrschaft, Leipzig 1891 (Selbstverlag), Teil 3, S. 252 (zit. nach Cobet, S. 215).

Diskriminierung, Ausgrenzung, Vernichtung

Der Völkermord an Sinti und Roma

Die Diskriminierung der »Zigeuner« hatte in Deutschland, wie überall in Europa, Tradition. Misstrauen und Ablehnung gegenüber der Minderheit der Sinti und Roma hatte sich lange vor 1933 in zahlreichen Gesetzen und Verordnungen der Ausgrenzung niedergeschlagen, und die Gefühle der Verachtung und Zurückweisung bis zu Vernichtungswünschen wurden allgemein und öffentlich deutlicher artikuliert als gegenüber der ebenfalls aus »rassischen Gründen« unerwünschten Minderheit der Juden. Die nationalsozialistische »Zigeunerpolitik« mündete schließlich ebenso im Völkermord wie die »Judenpolitik«.[1]

Es ist erstaunlich, dass daran noch gezweifelt werden kann, wie es der amerikanische Politologe Guenter Lewy in seinem vor zwei Jahren erschienenen Buch ›Die Verfolgung der Zigeuner im Dritten Reich‹ tut.[2] Der Autor muss sich fragen lassen, wie er, wenn er den Begriff Völkermord für die Verfolgung der Sinti und Roma ablehnt, erklären will, dass von den 8000 Roma, die 1938 im österreichischen Burgenland lebten, 1952 nur noch 872 zu zählen waren. Das ist nur ein Beispiel für die Dimension des Genozids. Eine Argumentation, die sich juristischer Rabulistik bedient, um die nationalsozialistische Ideologie und Politik vom Vorwurf des intentionalen Völkermords an dieser Bevölkerungsgruppe freizusprechen, ist nicht nachvollziehbar. Freilich hat die Marginalisierung gerade dieses Genozids eine eigene Tradition, deren Kraft offensichtlich noch nicht gebrochen ist.

Es waren nicht nur formale und juristische Gründe, mit denen die Verfolgung dieser Minderheit in Deutschland ignoriert oder verharmlost wurde. Die alten Vorurteile wirkten weiter, und so bestand die stillschweigende Übereinkunft, »die Zigeuner« seien eigentlich zu Recht verfolgt worden, denn sie seien von ihrer Konstitution her asozial und kriminell. Die Ausnutzung uralter Vorurteile zur Stigmatisierung der Angehörigen einer nicht assimilierten kulturellen Minorität war die über den Zusammenbruch des NS-Staates hinaus wirkende Untat. Noch im Jahr 1956 kam der Bundesgerichtshof zu der Feststellung, die das Verhalten der Mehrheit bei der Verweigerung von Entschädigungs- und Wiedergutmachungsleistungen zu sanktionieren schien: »Die Zigeuner neigen zur Kriminalität, besonders zu Diebstählen und zu Betrügereien. Es fehlen ihnen vielfach die sittlichen Antriebe zur Achtung vor fremdem Eigentum, weil ihnen wie primitiven Urmenschen ein ungehemmter Okkupationstrieb eigen ist.«[3]

Ressentiments beherrschten auch die Verantwortlichen, die nach dem Zusammenbruch des NS Staates für die Aufarbeitung des begangenen Unrechts zuständig waren. Sie zogen sich aus der Affäre mit dem Argument, den Sinti und Roma hätte die erlittene Verfolgung weniger ausgemacht als anderen Menschen, da sie von Natur aus unempfindlicher, stumpfer und deshalb zu größeren Leiden fähig seien. Solche Vorurteile bekamen die Verfolgten noch zu spüren, als sie in den sechziger und siebziger Jahren Renten für erlittene Gesundheitsschäden beanspruchten.

Ein Professor der Medizin kam 1971 in einem Gutachten zu dem Schluss, die Sintizza als Mutter von drei Kindern, die im KZ alle Kraft auf deren Rettung verwandt hatte, könne keine dauernden Folgen ihrer Leidenszeit davongetragen haben, denn: »Die sofortige Wiedervereinigung mit dem Ehemann nach der Befreiung und die alsbaldige Wiederaufnahme des gewohnten Wander- und ›Berufslebens‹ wird ferner dazu beigetragen haben, daß eine etwaige reaktive depressive Dauerverstimmung, wie sie gelegentlich nach so langer KZ-Lagerzeit beobachtet wurde, nicht zur Entwicklung kommen konnte.«[4]

Als Spätfolge von KZ-Haft sind Medizinern und Psychiatern die Symptome der Entwurzelungsdepression geläufig. Aber Sinti und Roma haben nach Überzeugung der Koryphäen des Fachs offenbar wesensmäßig und traditionell weniger Leidensfähigkeit als andere Menschen: Ein Sinto, der 18-jährig im Jahre 1938 ins KZ geriet und sieben Jahre lang inhaftiert war, bekam 1971 bescheinigt, die Voraussetzung für eine Entwurzelung im medizinischen und psychiatrischen Sinn sei bei ihm »nicht in dem Umfang gegeben, wie bei dem Personenkreis, der aus einem festgefügten sozialen Rahmen gerissen wurde«. Deshalb müsse man bei ihm auch unterstellen, dass »aufgrund seiner Herkunft die Schwelle der eben noch zu ertragenden unzumutbaren seelischen Belastungen höher anzusetzen ist als bei denjenigen, die in einem festgefügten sozialen Rahmen lebten«.[5]

Die Behörden von Gemeinden, Städten und Ländern in Deutschland und in Österreich waren lange vor dem Machtantritt der Nationalsozialisten offiziell darin einig, dass man die »Zigeunerplage« am besten dadurch bekämpfe, wenn man »die Zigeuner« zur Sesshaftigkeit erziehe und dadurch in die Gesellschaft integriere. Das wurde immer wieder öffentlich beteuert. Die Bürger stimmten aber auch darin überein, dass die Ansiedlung immer irgendwo anders, keinesfalls in der eigenen Gemeinde, erfolgen müsse. Die Schikanen gegen Sinti und Roma wurden in Deutschland nach 1933 zunächst in gewohnter Weise fortgesetzt: Überhöhte Mieten und schlechte Ausstattung von Lagerplätzen (und Wohnungen), Polizeirazzien, plötzliche Auflösung der Plätze und Ausweisung aus dem Stadtgebiet, Restriktionen bei der für die Berufsausübung unerlässlichen Ausstellung von Wandergewerbescheinen. Allmählich entwickelte sich dann unter dem Einfluss der NSDAP eine Tendenz zur Ghettoisierung, große Städte richteten lagerartige Plätze ein, die teilweise bewacht und mit Stacheldraht umzäunt waren, die immer elend gelegen waren, oft an tabuisierten Orten wie in der Nähe von Friedhöfen oder bei Kläranlagen.

Bemerkenswert war dagegen die Stellungnahme des Leipziger Fürsorgeamtes auf eine von den üblichen Vorurteilen geleitete Anregung der Polizei, durch härteres Vorgehen im Wohlfahrtsbereich (Kasernierung und Pflichtarbeit als Gegenleistung für Unterstützung) den unerwünschten Personenkreis aus Leipzig fern zu halten. Dahinter stand die Annahme, in Leipzig erhielten – mit dem Effekt der Anlockung – Zigeuner besonders leicht Sozialhilfe. Die zuständige Fachabteilung argumentierte sachkundig und vernünftig und stellte u. a. fest, dass nicht alle Zigeuner, die sich in Leipzig aufhielten, Unterstützungsempfänger und dass sie keineswegs Fremde und Arbeitsscheue waren: »Die unterstützten Zigeuner sind fast alle preußische Staatsangehörige, also Deutsche (Ausländer sind hier noch nicht vorgekommen). Ihnen muß nach § 7 FVO. geholfen werden, wenn sie hilfsbedürftig sind. Hilfsbedürftigkeit ist in allen Fällen festgestellt worden. Es handelt sich ausschließlich um armes Volk, das bereits an anderen Orten in den Vorwintern unterstützt worden und während der günstigen Jahreszeit umhergezogen ist. Es ist irrig zu behaupten, daß in Leipzig leicht gegeben wird. Die Zigeuner werden nicht allgemein nach den Richtsätzen bedacht, sondern knapper gehalten ... Die Zigeuner sind nicht arbeitsunwillig. Sie unterstehen der Arbeitskontrolle, sie haben s. Zt. auch auf unserem Werkplatze und in der Arbeitsanstalt wie andere geschafft. Daß sie ihren Vorteil wahrnehmen und bestrebt sind, soviel wie möglich zur Verbesserung ihrer Lage herauszuholen, unterscheidet sie nicht von anderen Unterstützten. Dazu sind sie gesetzeskundig! Sie wenden sich an alle Stellen und sind genügend über das Einspruchs- u. Beschwerdeverfahren unterrichtet! Gelegentlich sind sie aber auch gedankenschwach. Wir können nicht bestätigen, daß in Leipzig eine Zigeunerplage besteht, die eine Kasernierung rechtfertigen würde, falls eine solche überhaupt durchführbar ist. Sie würde u. E. eine Härte einer unbedeutenden Gruppe der Bevölkerung gegenüber bedeuten, deshalb bedenklich sein, weil auch unter den Zigeunern Frontkämpfer und Parteiangehörige sind u. viel teurer sein, als die gegenwärtige Art der Unterstützung.«[6]

Die Anregung der Leipziger Polizei gründete sich auf Traditionen der Ausgrenzung, die weit zurückreichten, das Plädoyer für Vernunft und Augenmaß gehörte zu den ohnehin schwachen Stimmen, die rechtsstaatliche Werte verteidigten und bald verstummten.

In einer Akte des Gesundheitsamtes Leipzig lesen wir unter dem Datum des 19. Februar 1937: «In der Abwehr der Zigeunerplage wird die Gemeinde am günstigsten fahren, bei der die Angehörigen dieser fremden und keiner Fortentwicklung fähigen Rasse die größte Ablehnung und das unwirtlichste Verhalten erfahren ... Wenn Leipzig mit seiner zentralen Lage voranginge und die sich konzentrisch anschließenden Bezirke nach einem einheitlichen Plan allmählich folgten, würden wir die Zigeuner nach und nach aus Deutschland hinausdrängen können.«[7]

Dass sich Behörden und Bürger in Leipzig wie überall in ihren Vorurteilen und der Ablehnung der Sinti und Roma einig waren, geht aus der Eingabe eines Leipziger Arztes an den Stadtarzt vom Februar 1938 hervor: »... erlaube ich mir die höfliche Frage, wann eine Lösung der immer unerträglicher werdenden Zigeunerplage kommt. Meine diesbezüglichen Eingaben sind leider ohne jeden Erfolg gewesen. Was es aber heißt, Zigeuner im Naundörfchen zu haben, kann nur der wirklich ermessen, der hier wohnt und gar wie ich, seine Praxis hier hat. Die Entfernung der Zigeuner aus der Innenstadt ist m. E. eine rassenpolitische und staatspolitische Notwendigkeit.«[8]

Weil sie sich des Beifalls der Mehrheit gewiss sein konnten, mühten sich die Vollstrecker der Diskriminierung, Ausgrenzung und Verfolgung der Sinti und Roma weniger um die Verschleierung ihres Tuns gegenüber der Öffentlichkeit als bei der Verfolgung von Juden, »Ernsten Bibelforschern« und anderen Gruppen, wo man sich mit Vorwänden und Argumenten mehr Mühe gab, um die tatsächlichen Absichten, nämlich deren Vernichtung, zu verschleiern.

Durch die Zentralisierung der Polizei und durch die Forcierung der Rassenpolitik im gefestigten NS-Regime verschlechterte sich die Lage der Sinti und Roma auch in rechtlicher Hinsicht. Obwohl »Zigeuner« nicht ausdrücklich erwähnt wurden, galten die »Nürnberger Gesetze« auch für diese Minderheit und machten Sinti und Roma auch formal zu Bürgern minderen Rechts. 1938 wurde im

Reichskriminalpolizeiamt eine »Reichszentrale zur Bekämpfung des Zigeunerunwesens« gebildet. Heinrich Himmler, in dessen Zuständigkeit als »Reichsführer SS und Chef der deutschen Polizei« die Sinti und Roma geraten waren, verfügte am 8. Dezember 1938, dass die »Regelung der Zigeunerfrage aus dem Wesen dieser Rasse heraus« erfolgen müsse, und zwar auf der Grundlage der »durch rassenbiologische Forschungen gewonnenen Erkenntnisse«.[9] Die notwendigen Unterlagen lieferten Wissenschaftler der Kriminalpolizei, das waren unter der Leitung eines Dr. Robert Ritter vor allem die Mitarbeiter der »Rassenhygienischen Forschungsstelle« des Reichsgesundheitsamtes.[10]

Die Polizei und ihre wissenschaftlichen Helfer hatten aber keineswegs im Alleingang der Minderheit der Sinti und Roma den Vernichtungskrieg erklärt. Die Ausrottung »der Zigeuner« gehörte zu den erklärten rassenpolitischen Zielen des Regimes. Dafür steht als ein Beweis unter vielen der Brief des Reichsjustizministers Otto Georg Thierack an den Chef der Parteikanzlei der NSDAP, Martin Bormann, vom Herbst 1942: »Unter dem Gedanken der Befreiung des deutschen Volkskörpers von Polen, Russen, Juden und Zigeunern und unter dem Gedanken der Freimachung der zum Reich gekommenen Ostgebiete als Siedlungsland für das deutsche Volkstum beabsichtige ich, die Strafverfolgung gegen Polen, Russen, Juden und Zigeuner dem Reichsführer SS zu überlassen. Ich gehe hierbei davon aus, daß die Justiz nur in kleinem Umfange dazu beitragen kann, Angehörige dieses Volkstums auszurotten. Zweifellos fällt die Justiz jetzt sehr harte Urteile gegen solche Personen, aber das reicht nicht aus, um wesentlich zur Durchführung des oben angeführten Gedankens beizutragen. Es hat auch keinen Sinn, solche Personen Jahre hindurch in deutschen Gefängnissen und Zuchthäusern zu konservieren, selbst dann nicht, wenn, wie das heute weitgehend geschieht, ihre Arbeitskraft für Kriegszwecke ausgenutzt wird.«[11]

Vorausgegangen war diesem Brief eine Konferenz, bei der Himmler am 18. September 1942 mit dem Staatssekretär im Reichsjustizministerium die Linie künftiger Strafpraxis bei »Fremdvölkischen« diskutierte. Nach der Vorstellung Himmlers, der mit Polizei und SS die Instrumente des Terrors zur Durchsetzung der extremen Ziele des Regimes in Händen hatte, sollten für einige Personengruppen Justiz und Gerichte gar nicht mehr zuständig sein. Beschlossen wurde: »Auslieferung sozialer Elemente aus dem Strafvollzug an den Reichsführer SS zur Vernichtung durch Arbeit. Es werden restlos ausgeliefert die Sicherungsverwahrten, Juden, Zigeuner, Russen und Ukrainer, Polen über 3 Jahre Strafe, Tschechen oder Deutsche über 8 Jahre Strafe nach Entscheidung des Reichsjustizministers.«[12] Aus praktischen Erwägungen, weil das den Arbeitswillen und die Rekrutierung von polnischen, russischen, ukrainischen Fremdarbeitern gefährden würde und wegen der möglichen Wirkungen in der Feindpropaganda, protestierten die zuständigen Stellen – die Gauleiter der NSDAP in den eingegliederten Ostgebieten sowie der Reichsminister des Innern und der Reichsminister für die besetzten Ostgebiete – gegen ein solches Verfahren gegenüber Polen und Russen, aber die »Abgabe der Strafverfolgung gegen Juden und Zigeuner« hielten auch sie für richtig und wünschenswert. In der Praxis bedeutete das, dass die Sinti und Roma wie die Juden völlig rechtlos wurden und nun der Willkür von Polizei und SS ausgeliefert waren.

Aber auch schon lange vor Himmlers Erlass, in dem die »Bekämpfung der Zigeunerplage« auf rassischer Grundlage angekündigt war, wurden Sinti und Roma verfolgt und – ab Frühjahr 1938 – in »Schutzhaft« in Konzentrationslager eingewiesen. Als Vorwand diente der traditionelle Vorwurf, sie seien »asozial«, und als Indiz dafür galt, keine »geregelte Arbeit« nachweisen zu können. »Schutzhaft«, d.h. Freiheitsentzug im KZ ohne Rechtsverfahren und ohne zeitliche Begrenzung, war das gegen Minderheiten, Kritiker und Regimegegner meist angewandte Mittel im NS-Staat; gegenüber den Sinti und Roma genügte es vielen nicht, sie plädierten schon frühzeitig für noch drastischere Maßnahmen. So schrieb 1939 ein österreichischer Nationalsozialist, der Landeshauptmann für das Burgenland Tobias Portschy, an den Chef der Reichskanzlei, Reichsminister Hans Heinrich Lammers: »Aus volksgesundheitlichen Gründen und weil die Zigeuner nachgewiesenermaßen erblich belastet und ein Volk von ausgesprochenen Gewohnheitsverbrechern sind, die als Schmarotzer in unserem Volkskörper nur ungeheuren Schaden anrichten, muss man vorerst an die Verhinderung ihrer Vermehrung herangehen und die Lebenden im Rahmen eines Arbeitslagers einer gestrengen Arbeitspflicht unterwerfen.«[13]

Das war unmissverständlich die Forderung nach Sterilisation, wie sie in der Folgezeit häufiger artikuliert und schließlich auch praktiziert wurde. Die »starke Vermehrung der Zigeuner« wurde immer wieder als Argument angeführt, und der logische Schluss daraus schien die Unfruchtbarmachung der unerwünschten ethnischen Gruppe zu sein.

Das wird auch im Brief des Grazer Generalstaatsanwalts Johannes Meißner aus dem Jahr 1940 deutlich, in dem die Sterilisierung aller Roma im Burgenland angeregt wurde: »Die Zigeuner leben fast ausschließlich vom Betteln und Stehlen. Die Betätigung als Musiker ist mehr ein Deckmantel, denn ein wirklicher Erwerb. Ihr Vorhandensein ist eine außerordentlich starke Belastung für die ehrlich arbeitende Bevölkerung, besonders für die Bauern, deren Äcker sie plündern; eine Belastung, die bei der außerordentlich starken Vermehrung der Zigeuner trotz großer Kindersterblichkeit von Jahr zu Jahr wächst. Noch größer ist die Gefahr für die Rasse der burgenländischen Bevölkerung. Die Masse der Zigeuner, die schon äußerlich eher an afrikanische oder asiatische primitive Völker erinnert, ist rassisch minderwertig, vor allem geistig und sittlich, während sie körperlich von außerordentlicher Widerstandsfähigkeit sind, da die aus der großen Kinderzahl Überlebenden unter den härtesten Lebensbedingungen aufwachsen. Eine Vermischung mit diesem sittlich und geistig minderwertigen Volk bedeutet notwendigerweise einen Abstieg im Werte der Nachkommen. Die Vermischung wird aber begünstigt einerseits dadurch, dass die jungen Zigeuner von besonderer geschlechtlicher Aggressivität sind, andererseits die Zigeunermädchen geschlechtlich zügellos sind. Diese Umstände bleiben auch bestehen, wenn ein Großteil der männlichen Zigeuner in Arbeitslagern untergebracht wird ... Es erscheint mir daher die einzig, wenigstens allmähliche, wirksame Befreiung der burgenländischen Bevölkerung von dieser Plage und von der Gefahr für die künftige rassische Entwicklung darin gelegen, ... alle Zigeuner ... ausnahmslos zu sterilisieren«.[14] Solche Stereotype, insbesondere das auf Sexualneid zielende der geschlechtlichen Aggressivität und Zügellosigkeit, entsprachen verbreiteten Bildern in der Bevölkerung. Deshalb fielen Anregungen zu rassistisch motivierter harter Behandlung auf fruchtbaren Boden und wurden, wie die Politik gegenüber den Juden, widerspruchslos in großer Breite nachvollzogen.

Der Zweite Weltkrieg diente dem nationalsozialistischen Regime als Hintergrund, vor dem sich die geplante Vernichtung unerwünschter Minderheiten durchführen und notfalls der Öffentlichkeit gegenüber begründen ließ. Am 2. September 1939 wurde das »Umherziehen von Zigeunern und nach Zigeunerart wandernden Personen« im Grenzgebiet des Deutschen Reiches verboten. Das ließ sich ohne Mühe als Kriegsmaßnahme erklären, und am 17. Oktober 1939 befahl das Reichssicherheitshauptamt, dass »Zigeuner und Zigeunermischlinge« ihren Wohn- oder Aufenthaltsort nicht mehr verlassen durften.[15]

Mit diesem »Festschreibungserlass« begann die letzte Stufe der Verfolgung. Ende September 1939 wurde beschlossen, die auf deutschem Boden vermuteten »30 000 Zigeuner« wie die Juden zunächst nach Polen zu deportieren. Die Vertreibung der Unerwünschten war der erste Schritt zu ihrer Vernichtung: In den Ostgebieten, die wie Kolonien beherrscht und behandelt wurden, konnte der geplante Massenmord besser getarnt werden, Rücksichten auf die Zivilbevölkerung erschienen dort kaum nötig. Am 16. Mai 1940 begann die organisierte familienweise Deportation von Sinti und Roma aus dem Gebiet des Deutschen Reiches.

Am 16. Dezember 1942 erließ Heinrich Himmler, der Herr über die Konzentrations- und Vernichtungslager, den Befehl, der den letzten Schritt einer mörderischen Serie von Diskriminierungen und Verfolgungsmaßnahmen gegen Sinti und Roma bedeutete.[16] Himmler ordnete die Deportation nach Auschwitz an. Dieser Befehl wird zu Recht als Ausdruck der genozidalen Intention des NS-Regimes interpretiert. Die längst praktizierte Verfolgung mündete damit in den dokumentierten Vernichtungswillen. Der 16. Dezember wird von Sinti und Roma daher als zentraler Gedenktag an den Völkermord begangen.[17]

Unter Geheimhaltung wurden die Betroffenen familienweise verhaftet, ihr Eigentum mussten sie zurücklassen, Ausweispapiere, Geld, Wertgegenstände wurden ihnen »abgenommen« – also geraubt. Über Gefängnisse und Zwischenlager kamen diese Menschen nach Auschwitz-Birkenau, in ein abgegrenztes Areal des Vernichtungslagers, wo sie unter entsetzlichen Umständen lebten. Die Gefangenen waren wieder rassenpolitischen »Forschern« ausgeliefert und auch dem berüchtigten KZ-Arzt Mengele, der viele von ihnen zu pseudowissenschaftlichen Experimenten missbrauchte. In einer Nacht Anfang August 1944 wurde das ganze »Zigeunerlager« Auschwitz liquidiert.[18]

Der Völkermord an Sinti und Roma wurde im Zuge des Holocaust an vielen Orten des nationalsozialistischen Herrschaftsgebiets begangen, in den Vernichtungslagern Auschwitz, Chelmno/Kulmhof, Treblinka, Majdanek auf polnischem Boden, durch Massenexekutionen in Polen und im Baltikum, in Kroatien und Serbien, in der Ukraine, auf der Krim; als Täter beteiligt waren außer SS und Polizei, Gestapo und Feldgendarmerie der Wehrmacht auch polnische, lettische und ukrainische Milizen, kroatische Ustascha-Faschisten, slowakische Hlinka-Gardisten, serbische und viele andere Gehilfen deutscher Rassenpolitik.

Anders als die Juden konnten »die Zigeuner« noch lange Zeit nach ihrer Verfolgung kaum auf Hilfe und Verständnis rechnen. Die deutschen Entschädigungsbehörden argumentierten bis in die siebziger Jahre hinein in Übereinstimmung mit Politikern und der öffentlichen Meinung gegenüber Wiedergutmachungsansprüchen wegen erlittener Verfolgung, »die Zigeuner« seien ja vor allem als Kriminelle und Asoziale in die Konzentrationslager gekommen und Opfer staatlicher Maßnahmen geworden, also selbst am Verfolgungsschicksal schuld. Und dazu passte es, dass Karteien und andere Unterlagen über die Minderheit der Sinti und Roma aus der NS-Zeit weiter verwendet wurden. Es bedurfte einer von Sinti und Roma ins Leben gerufenen Bürgerrechtsbewegung, um Verständnis nicht nur für aktuelle Diskriminierungen, sondern auch für die historische Verfolgung in der deutschen Öffentlichkeit zu wecken.

Zur Verfolgungsgeschichte fügte sich schließlich der für die Mehrheitsgesellschaft blamable jahrzehntelange Kampf um den materiellen Ausgleich für die Schäden durch Freiheitsentzug, an Gesundheit und Existenz, die die Sinti erlitten hatten. Es ist ein noch lange nicht abgeschlossenes Kapitel der Geschichte des fortdauernden Vorurteils, mit Unverständnis und Schikane praktiziert gegen die einst verfolgte Minderheit.

Anmerkungen

[1] Vgl. Michael Zimmermann, Rassenutopie und Genozid. Die nationalsozialistische »Lösung der Zigeunerfrage«, Hamburg 1996.

[2] Guenter Lewy, »Rückkehr nicht erwünscht«. Die Verfolgung der Zigeuner im Dritten Reich, München 2001.

[3] Zit. nach Arnold Spitta, Entschädigung für Zigeuner? Geschichte eines Vorurteils, in: Ludolf Herbst/Constantin Goschler (Hrsg.), Wiedergutmachung in der Bundesrepublik Deutschland, München 1988, S. 386.

[4] Zit. nach Uschi Körber, Stellungnahme zu Gutachten gegen Gesundheitsschadensrenten bei Sinti und Roma, in: Anerkennung und Versorgung aller Opfer nationalsozialistischer Verfolgung. Dokumentation parlamentarischer Initiativen der Grünen in Bonn und der Fraktion der Alternativen Liste Berlin, Berlin 1986, S. 61 f.

[5] Ebenda.

[6] Stellungnahme der Fachabteilung 3 des Fürsorgeamtes Leipzig, 8. Juli 1933, Stadtarchiv Leipzig.

[7] Gesundheitsbehörde Leipzig an das Fürsorgeamt Leipzig, 19. 2. 1937, Stadtarchiv Leipzig.

[8] Schreiben Dr. med. Georgi an den Stadtarzt 21. 2. 1938, Best. Fürsorgeamt, Stadtarchiv Leipzig.

[9] Runderlaß Reichsführer SS und Chef der Deutschen Polizei im Reichsministerium des Innern, 8. 12. 1938, in: Reichsministerialblatt der inneren Verwaltung 1938, Nr. 51, S. 2105.

[10] Vgl. Michael Zimmermann, Feindschaft gegen Fremde und moderner Rassismus. Robert Ritters »Rassenhygienische Forschungsstelle«, in: Klaus J. Bade (Hrsg.), Deutsche im Ausland – Fremde in Deutschland. Migration in Geschichte und Gegenwart, München 1992, S. 333–344; s. a. Herbert Heuß, Wissenschaft und Völkermord. Zur Arbeit der »Rassenhygienischen Forschungsstelle« beim Reichsgesundheitsamt, in: Bundesgesundheitsblatt 32 (1989), Sonderheft März 1989, S. 20–24; Ute Brucker-Boroujerdi/Wolfgang Wippermann, Die »Rassenhygienische und Erbbiologische Forschungsstelle« im Reichsgesundheitsamt, ebenda, S. 13–19.

[11] Thierack an Bormann, 13. 10. 1942, Nürnberger Dokument NO 1784.

[12] Besprechung mit Reichsführer SS Himmler am 18. 9. 1942 in seinem Feldquartier in Gegenwart des StS. Dr. Rothenberger, SS. Gruppenführer Streckenbach und SS. Obersturmbannführer Bender, Nürnberger Dokument PS 654.

[13] Tobias Portschy im August 1938, Dokumentationsarchiv des österreichi-

schen Widerstandes, zit. nach Tilman Zülch (Hrsg.), In Auschwitz vergast, bis heute verfolgt. Zur Situation der Roma (Zigeuner) in Deutschland und Europa, Reinbek 1979, S. 124, und Denkschrift Portschy zur »Zigeunerfrage« an den Chef der Reichskanzlei, Reichsminister Lammers. Nürnberger Dokument NG 845. Vgl. Donald Kenrick/Grattan Puxon, Sinti und Roma – die Vernichtung eines Volkes im NS-Staat, Göttingen 1981, S. 79.

[14] Generalstaatsanwalt Graz an Reichsjustizminister, 5. 2. 1940, Nürnberger Dokument NG 684.

[15] Grenzzonenverordnung vom 2. September 1939, in: Reichsgesetzblatt I, 1939, S. 1578 f. (§ 4: Das Umherziehen von Zigeunern und nach Zigeunerart ist in der Grenzzone verboten); Schnellbrief RSHA, 17. Oktober 1939, betr. Zigeunererfassung, in: Erlaßsammlung Vorbeugende Verbrechensbekämpfung, Berlin Dezember 1941, hrsg. vom Reichskriminalpolizeiamt, RSHA-RKPA 149/1939 g.

[16] Schnellbrief RSHA, 29. 1. 1943 an Kriminalpolizei und SS-Dienststellen, dort ist der Befehl Himmlers vom 16. 12. 1942 erwähnt: »Einweisung von Zigeunermischlingen, Rom-Zigeunern und balkanischen Zigeunern in ein Konzentrationslager«, in: Erlaßsammlung RKPA, Vorbeugende Verbrechensbekämpfung, V A 2 Nr. 59/43 g.

[17] Romani Rose, Relativierungen von Völkermord. Der Erlaß des SS-Reichsführers Heinrich Himmler vom 16. Dezember 1942 war Grundlage für die Vernichtung von 23 000 Sinti und Roma, in: Frankfurter Rundschau, 14. 12. 2001.

[18] Vgl. Gedenkbuch Die Sinti und Roma im Konzentrationslager Auschwitz-Birkenau, hrsg. v. Staatlichen Museum Auschwitz-Birkenau in Zusammenarbeit mit dem Dokumentations- und Kulturzentrum Deutscher Sinti und Roma Heidelberg, München 1993, 2 Bde., darin: Waclaw Dlugoborski, Zur Geschichte des Lagers für Sinti und Roma in Auschwitz-Birkenau, Bd. 1, S. 11–15.

Zwangsmigration von Volksdeutschen im Zweiten Weltkrieg

An der Wende vom 19. zum 20. Jahrhundert begann die Karriere der Idee, Konflikte zwischen Nationen durch die Entmischung von Bevölkerungen lösen oder a priori verhindern zu wollen. Die Tradition, religiöse Minderheiten zur Stiftung von Gemeinsamkeit in der jeweiligen Mehrheitsgesellschaft zu vertreiben, erhielt im Zeitalter der Nationalstaatsidee die Erweiterung zum Ethnischen. Die türkisch-griechischen Auseinandersetzungen vor dem Ersten Weltkrieg, vor allem aber die Zusammenbrüche der Habsburger Monarchie und des Osmanischen Reiches boten Anlass, politische Lösungen für »ethnische Probleme« zu suchen, die dem Ideal des Staatswesens mit einer ethnisch geschlossenen Bevölkerung folgten. Im »Alldeutschen Verband« träumten die Annexionisten im Ersten Weltkrieg den Traum eines auf Gebietseroberungen gründenden großdeutschen Reiches, aus dem störende ethnische Gruppen (Franzosen, Slawen, Juden) nach Umsiedlung vertrieben sein würden.

Drei Denkfiguren beherrschten das Feld: 1. das Postulat der Assimilation, also das vollständige Aufgehen der Minderheit in der jeweiligen Mehrheit, 2. das Instrument des Minderheitenschutzes durch rechtliche Vereinbarungen unter internationaler Kontrolle und 3. Grenzziehung unter ethnisch-nationalen Gesichtspunkten, gegebenenfalls unter Bevölkerungsaustausch und nach Abstimmung.

Die europäische Nachkriegsordnung von 1919, sanktioniert durch die Pariser Vorortverträge, huldigte dem Prinzip der Ethnizität des Nationalstaates, trotz erheblicher Widersprüche in der Praxis (so war Polen etwa keineswegs ein ethnisch homogener Staat und dem deutschsprachigen Rest der Donaumonarchie, der sich auf das Selbstbestimmungsrecht berief, war der Anschluss an das Deutsche Reich ausdrücklich verweigert worden). Hochkonjunktur hatte das ethnische Prinzip in den dreißiger Jahren, als Hitler ebenso skrupellos wie erfolgreich nach dem Anschluss Österreichs die Abtretung der »Sudetengebiete« von der Tschechoslowakei erpresste und den »Volkstumskampf« mit Polen zum Kriegsgrund stilisierte, mit dem Überfall am 1. September 1939 den Krieg inszenierte, der mit der Zerstörung und Auflösung Polens als Staat vorläufig endete.

Am 6. Oktober 1939 erklärte Hitler vor dem Reichstag die Absicht, »eine Neuordnung der ethnographischen Verhältnisse, das heißt eine Umsiedlung der Nationalitäten« als Konsequenz des Endes polnischer Staatlichkeit durchzuführen. Die Leitmotive Nationalitätenprinzip und Rassegedanke, die Hitler in seiner Rede erwähnte, waren durch die Ideologie des germanischen Herrenmenschen erweitert, wenn Hitler ankündigte, es gehöre »zu den Aufgaben einer weitschauenden Ordnung des europäischen Lebens, hier Umsiedlungen vorzunehmen, um auf diese Weise wenigstens einen Teil der europäischen Konfliktstoffe zu beseitigen«.

Mit dieser Hitlerrede begann eine Ära, in der Politik als »Bevölkerungspolitik« agiert wurde, in der Menschen den Stellenwert von Rohmaterial hatten.[1] Das weithin verkündete Blut-und-Boden-Prinzip wurde, dafür stand die Behandlung der Südtiroler, politischen Überlegungen der Zweckmäßigkeit nachgeordnet, wann immer das notwendig erschien, aber es wurde nie aus den Augen verloren und überall praktiziert, wo die Möglichkeit bestand bzw. geschaffen werden konnte. Südtirol, das mit seinen überwiegend deutschsprachigen Bewohnern 1919 an Italien gefallen war, wurde von Hitler aus den Revisionsforderungen ausgenommen, um die Bündnispolitik mit dem faschistischen Italien nicht zu gefährden. Mussolini hingegen betrieb eine rigorose Italianisierungspolitik, um gegen jede österreichische oder deutsche Revisionspolitik Tatsachen zu schaffen. Als Kompromiss wurde im Oktober 1939, auf der Basis eines Vertrages zwischen Berlin und Rom, den Südtirolern ein Umsiedlungsangebot gemacht. Bis 1943 nahmen etwa 70 000 Menschen die Option wahr und wanderten nach Bayern oder Österreich aus (etwa ein Drittel von ihnen kehrte wieder zurück).[2]

Aus der Volksgruppe heraus bildete sich in Anlehnung an die nationalsozialistische Bewegung der »Völkische Kampfring Südtirol« (VKS), der im Widerstreit von Loyalität zu Berlin und Heimattreue jeden Gedanken an Umsiedlung ablehnte. In einer Denkschrift an die »Volksdeutsche Mittelstelle« argumentierte die VKS-Führung, es sei unverständlich, dass man den Plan einer Umsiedlung »überhaupt in Erwägung ziehen kann, obgleich der Grundsatz unzertrennlicher Einheit von Blut und Boden zu den Leitsätzen nationalsozialistischer Weltanschauung gehört. Auch im Reiche muss man sich die Gefahr vor Augen halten, einen Präzedenzfall zu schaffen, dessen Wiederholung später einmal für das Reich selbst volkspolitisch verhängnisvoll werden kann«.[3] Für die Südtiroler war es noch eine Option[4], wenig später stand hinter der Umsiedlungsidee massiver Druck aus Berlin gegenüber den Betroffenen, zunächst im Baltikum.

Im Folgenden wird der Aspekt der Umsiedlung von »Volksdeutschen« betrachtet, d. h. von Menschen deutscher Abstammung, die außerhalb der Grenzen des »Altreiches« von 1937 lebten. Ihre Migration erfolgte meistenteils unfreiwillig, und sie vollzog sich im Spannungsfeld von Opfer- und Täterkollektiven. Am Beispiel der Deutschbalten und der Bessarabiendeutschen soll dies exemplifiziert werden. Mehr als eine Million Menschen, die als »Volksdeutsche« seit Jahrhunderten in geschlossenen Siedlungen und Sprachinseln unter starken Gruppenbindungen in Ost- und Südosteuropa lebten, wurden während des Zweiten Weltkrieges innerhalb des deutschen Herrschafts- und Einflussgebietes umgesiedelt, ihr Schicksal ist in mehrfacher Hinsicht bemerkenswert, denn einerseits befanden sie sich als Angehörige der dominierenden Ethnie auf der Seite der Privilegierten und galten dort, wo sie auf Kosten vertriebener autochthoner Bevölkerung – im »Warthegau«, in Danzig-Westpreußen oder in Oberschlesien – angesiedelt wurden, als »Täter«, andererseits war ihnen das Schicksal von Entwurzelung und Vertreibung zweimal beschieden, zu Beginn und am Ende des Weltkrieges. Aufmerksam gemacht werden soll auf sozial- und mentalitätsgeschichtliche Defizite, die sich aus der Inanspruchnahme der Umsiedler für die völkische Propaganda der Nationalsozialisten, aus den Identitätsproblemen und der Zerstörung ihrer Gruppenstrukturen ergaben: Der Wunsch der volksdeutschen Migranten, dass ihre Familien-, Dorf- und Gruppenzusammenhänge beibehalten und nach der Migration intakt bleiben sollten, stand im Gegensatz zum bevölkerungspolitischen Postulat, das einen neuen Typus des Grenzlanddeutschen, den »Wartheländer«, im Auge hatte.[5]

Die nationalsozialistische Volkstums-Ideologie war charakterisiert durch Grundsätze wie Aufnahme »des wertvollen deutschen Blutes zur Stärkung des Reiches« und Befreiung der Volksdeutschen »von ihrer Rolle als Kulturdünger fremder Staaten«. Verlangt war die Ein- und Unterordnung bei Aufgabe jeder Gruppenidentität: »Mit der Hereinnahme einer Volksgruppe in das Reich hört die frühere Volksgruppenorganisation auf zu bestehen, denn über der Volksgruppe steht das Reich«. Daraus folgte auch, dass »die Begriffe des Baltendeutschen, des Wolhynien- und Bessarabiendeutschen ... in kürzester Frist ausgetilgt« sein sollten.[6] So verschwand die Gruppe der etwa 17 000 Gottscheer, die in Slowenien eine kleine deutsche Sprachinsel bildeten, mit ihrer Umsiedlung 1941/42 in die »Untersteiermark«: Ihre Angehörigen hatten im Prozess des nationalsozialistischen *social engineering* am Ort der »Neuansetzung« gleichzeitig die Funktion der Grenzlandbefestigung, nachdem ihr heimatliches Siedlungsgebiet an Italien gefallen war. Unter Aufgabe landsmannschaftlicher oder regionaler Eigenart sollten sie in die »Volksgemeinschaft« eingeschmolzen werden. Schon bevor die Gottscheer 1945 auch die neue Heimat verlassen mussten, war diese Volksgruppe als Folge nationalsozialistischer Politik untergegangen.[7]

Schließlich interessiert die Frage von Lockung und Zwang, von Freiwilligkeit und Druck, unter der die Umsiedlung Volksdeutscher stattfand. Zu wenig beachtet erscheint bislang auch die Diskriminierung, der die Umsiedler ausgesetzt waren, als sie sich »rassenhygienischer« Überprüfung und der Kontrolle ihrer politischen Gesinnung unterziehen mussten anlässlich der Eingruppierung in die »Deutsche Volksliste«, die eine völkische Bonitätsprüfung war, mit der über den sozialen und rechtlichen Status und über den Aufenthaltsort entschieden wurde.

Das exekutive Instrumentarium der nationalsozialistischen Bevölkerungspolitik bestand vor allem aus zwei Einrichtungen, die dann beide zum unmittelbaren Kompetenzbereich des Reichsführers SS gehörten. Die »Volksdeutsche Mittelstelle«[8], 1935 gegründet als NSDAP-Behörde, die bei Rudolf Hess, dem »Stellvertreter des Führers«, ressortierte und 1938 Hitler direkt unterstellt wurde, geriet als Einrichtung, die sich vor dem Krieg mit Minderheitenschutz für die Volksdeutschen beschäftigt hatte und die gesamte »Volkstumsarbeit« gleichschaltete, in den Einflussbereich Heinrich Himmlers und wurde schließlich (Oktober 1939) ein Hauptamt der SS. Die Volksdeutsche Mittelstelle war ab 1939/40 als Umsiedlungsbehörde tätig.

Am Tag nach Hitlers Reichstagsrede im Oktober 1939 wurde durch geheimen Führererlass die Institution »Reichskommissar für die Festigung deutschen Volkstums« errichtet. Als Reichskommissar fungierte der Reichsführer SS Himmler persönlich. Einen eigenen Instanzenzug musste er für das neue Amt nicht aufbauen, er konnte sich auf die »Volksdeutsche Mittelstelle« und darüber hinaus natürlich auf die gesamte SS-Organisation stützen. In erster Linie waren es die Höheren SS- und Polizeiführer, zugezogen wurden auch Bürgermeister und Landräte als untere Instanzen. Die Konkurrenz des Auswärtigen Amtes, das mit Hilfe der Auslandsmissionen traditionell Volkstumspolitik betrieb, musste Himmler als Reichskommissar für die Festigung deutschen Volkstums kaum fürchten, seine Kompetenzen in der Germanisierungspolitik und bei der Umsiedlung Volksdeutscher aus ihren ursprünglichen Siedlungsgebieten in die annektierten Randzonen des Deutschen Reiches blieben unangefochten.[9]

Die unter der Parole »Heim ins Reich« geführte Politik stand im vollkommenen Gegensatz zur »Volkstumspolitik« der Weimarer Republik und zur Politik der Nationalsozialisten vor dem Herbst 1939. Die deutschen Siedlungen in Bessarabien, Galizien und Wolhynien, in Südslawien, die Sprachinseln der Ungarn- und Rumäniendeutschen, wo immer sie in Siebenbürgen, im Banat, in der Bukowina lagen, galten als Bollwerke deutscher Kultur, die als Vorposten gesehen und vom Deutschen Reich materiell und ideell unterstützt wurden. Bei der Gewinnung »deutschen Lebensraums« im Osten, dem zentralen Anliegen nationalsozialistischer Ideologie, hätten diese Volkstumsinseln natürliche Brückenfunktion gehabt. Wie oft im Dritten Reich wurde die Ideologie jedoch politischem Kalkül – etwa der Verabredung mit der Sowjetunion im August 1939 zur Aufteilung Ost- und Südosteuropas in Interessensphären der beiden Diktaturen – nachgeordnet.

Die von Berlin betriebene Aufgabe der volksdeutschen Siedlungsgebiete, d. h. die planmäßige Absiedlung von hunderttausenden überwiegend bäuerlich lebenden Menschen, bedeutete eine völlige Umkehr bisheriger Politik durch Inszenierung einer Völkerwanderung. Es war schwer, Rationalität in der deutschen Politik zu erkennen, wie das früheste Beispiel der »Heimholung« Volksdeutscher ins Reich lehrt, die Umsiedlung der Baltendeutschen, die ab September 1939 vor dem Hintergrund des Hitler-Stalin-Paktes begann.[10] Die Verträge des Deutschen Reiches mit Lettland und Estland bedeuteten den radikalen Bruch mit aller bisherigen Volkstumspolitik, die Deutsche in Estland und Lettland mit markigen Worten zum Bleiben ermuntert, die seit 1919 mit materieller Unterstützung für Kultur und Bildung nicht gegeizt und nach 1933 der Volksgruppenführung das Gefühl vermittelt hatte, sie werde »eine gewichtige Rolle« spielen, wenn »die Ostseestaaten unter deutschen Einfluß bzw. unter deutsche Besetzung« kämen.[11]

Die Furcht vor der Sowjetunion war verbreitet und die schockartige Erkenntnis drohender Preisgabe ihrer Heimat bewirkte, dass sich etwa 60 000 Deutsche in Lettland und Estland innerhalb kurzer Frist in die Wende deutscher Politik fügten und ihre Abreise vorbereiteten. Die Bedingungen der Übersiedlung waren, verglichen mit späterem Bevölkerungstransfer unter nationalsozialistischer Ägide und erst recht nach dem Zusammenbruch des Deutschen

Reiches, luxuriös: Die Deutschbalten verließen ihre Heimatländer im Schutz intakter Rechtsordnung und zwischenstaatlicher Abmachungen, sie konnten einen großen Teil der beweglichen Habe mitnehmen, mussten nicht um Leib und Leben fürchten und glaubten, sie würden, wie die ›Rigasche Post‹ schrieb, »im Reich mit Ungeduld erwartet«, wo angeblich Höfe und Handwerksstellen bereitstanden, ein »unerschöpflicher Bedarf an Einzelhändlern« herrsche, »Beamte sehr gesucht« und »die Aussichten für Hausbesitzer und Angestellte gut seien«.[12]

Die Wirklichkeit holte natürlich auch diese ersten Umsiedler ein. Als sie feststellten, dass sie vorerst kein Eigentum an gewerblichen und landwirtschaftlichen Betrieben erwerben konnten und bis zum Kriegsende nur als Treuhänder zugelassen waren, hatten sie aber immerhin die Hoffnung, sich nach dem »Endsieg« in sozial und ökonomisch ähnlich gesicherten Positionen zu finden, wie sie sie in ihrer Heimat gehabt hatten. Auf Kosten der polnischen Bevölkerung fanden die Deutschbalten in Westpreußen und im Wartheland für kurze Zeit ein neues Zuhause, das sie freilich als Flüchtlinge und Vertriebene nach wenigen Jahren wieder verlassen mussten. Sie waren Opfer einer Ideologie und hatten als Objekte der Politik keine ernsthafte Alternative gehabt zum Aufruf der Führung der Deutschen Volksgemeinschaft in Lettland oder in Estland, in dem es hieß: »Wer sich in diesen Tagen von seiner Volksgruppe löst, um im Land zu bleiben, scheidet sich für alle Zeiten vom deutschen Volke. Er muß das wissen, denn sein Entschluß gilt für Kinder und Kindeskinder und er ist nicht rückgängig zu machen«[13].

Dass es sich bei der Umsiedlung der Volksdeutschen um Zwangsmigration handelt, ist evident. Den Betroffenen wurden freilich Glücksgefühle über ihren Transfer aus der heimatlichen Umgebung suggeriert; die nationalsozialistische Propaganda verordnete Jubel. Im O-Ton einer Broschürenserie klang das wie folgt: »In ihrem übergroßen Glück, nun endlich in Deutschland geborgen zu sein, haben die Leiden der Vergangenheit nichts mehr zu bedeuten ... Geradezu rührend sind die Berichte über die letzten

Tage in ihrer alten Heimat, wo sie den Aufbruch in das deutsche Vaterland schon nicht mehr erwarten konnten. Schon seit zwei Jahren haben sie davon gesprochen und immer gehofft auf den Tag, der nun zum überragendsten Erlebnis für sie geworden ist. Als die deutsche Kommission bei ihnen eingetroffen war, um alles zu ihrer Abreise vorzubereiten, da blieb kein Auge trocken, und die Leute umarmten sich vor Freude und Glück. Auf der langen Fahrt riefen sie immer wieder aus den Wagenfenstern: ›Wir grüßen unsere neue Heimat: Heil Hitler!‹«[14]

Die Realitäten der neuen Heimat waren ernüchternd. Die Umsiedler waren keineswegs so willkommen, wie sie es zu Hause gelesen hatten, sie wurden nicht so automatisch Bürger des Deutschen Reiches, wie sie ihre bisherige Staatsbürgerschaft hatten aufgeben müssen, sie hatten keinen Einfluss auf den neuen Wohn- und Arbeitsort, sie wurden zunächst einmal in Lager einquartiert, und sie waren einer Bürokratie ausgesetzt, die mit Kleinlichkeit und Engstirnigkeit die Hoffnungen der Umsiedler zunichte machte. Die Deutschbalten hatten gehofft, ihre sozialen Strukturen mit den Merkmalen der Urbanität und eines ausgeprägten Oberschichtbewusstseins bewahren zu können, und sie hatten die Vorstellung mitgebracht, dass auch die ökonomischen Strukturen durch Naturalrestitutionen konserviert würden. Die offiziellen Stellen hatten diesen Anschein erweckt, aber die vagen Formulierungen, in denen das geschehen war, waren nicht einklagbar.

Die am 16. Oktober 1939 gegründete Einwandererzentralstelle (EWZ) war zuständig für die Einbürgerung und die Ansiedlung. Unter dem Dach des Chefs der Sicherheitspolizei und des SD entschied die EWZ in einer mühsamen Prozedur, die »Schleusung« genannt wurde, über das Schicksal der Umsiedler. Von der polizeilichen Meldung, der Ausweiserstellung über gesundheitliche und »erbbiologische« Untersuchungen (für das eine war das Reichsinnenministerium, für das andere das Rasse- und Siedlungshauptamt der SS zuständig) ging es zur Annahme des Antrags auf Einbürgerung und zur letzten Station, der Berufseinsatzstelle des

Reichsarbeitsministeriums. Den Balten und den Umsiedlern aus dem östlichen Polen (»Vertragsumsiedlern«) stand in der Sammeldienststelle EWZ, die seit Herbst 1940 ihren Sitz in Lodz/Litzmannstadt hatte, schließlich die Vermögensstelle des Reichsfinanzministeriums zur Beratung in Transfer- und Restitutionsangelegenheiten zur Verfügung.

Das Urteil über den Status des Umsiedlers – »Ansatzentscheidung« lautete der Begriff dafür im bevölkerungspolitischen Jargon – beruhte sowohl auf rassischen Kriterien als auch auf einer politischen Bewertung. Aber auch bei einer positiven »Ansatzentscheidung« waren die Ankömmlinge aus dem Baltikum allenfalls Bürger zweiter Klasse im Deutschen Reich, denn sie genossen keine Freizügigkeit, und sie mussten demütigende Wartezeiten in Kauf nehmen, bis sie zu Reichsbürgern erklärt oder auf eine Bewährungszeit verwiesen wurden. Bei der Wiederansiedlung kam es vor, dass Familien auseinander gerissen wurden, das Lagerdasein dauerte oft lange Zeit und die Wohnungen, in die die Umsiedler eingewiesen wurden – oftmals unmittelbar nach oder noch im Augenschein der Deportation der polnischen oder jüdischen Vorbesitzer –, waren von erheblich schlechterer Qualität als die Baltendeutschen sie gewohnt waren.

Der Umgang mit einer ungewohnten und unbeweglichen Bürokratie und eine Flut von Beschwerden charakterisierten das Leben der neuen Bewohner des Warthegaus. Zu den Unerfreulichkeiten des Alltags gehörte für die »Balteneinwanderer« der Kampf um Mobiliar und Heizmaterial und – vor allem anderen – der Kampf um das Umzugsgut, das nach der Abreise aus der alten Heimat irgendwo eingelagert worden war. Das große Gepäck konnte erst angefordert werden, wenn die Ansiedlung geregelt war, manchmal war es nicht mehr aufzufinden, gelegentlich war es geplündert, manchmal dauerte es jahrelang, bis es zu den Eigentümern fand.

Deutlich schlechter behandelt wurden die »Nachumsiedler« aus den beiden baltischen Ländern Estland und Lettland, die nicht schon bei der großen Aktion 1939/40 ihre Heimat verlassen hatten, und die Volksdeutschen aus Litauen.[15] Trotz aller Unzulänglichkeiten waren die Baltendeutschen von allen Vertragsumsiedlern am besten weggekommen, ihre Lebensumstände waren vor dem Hintergrund des Krieges und im Vergleich mit anderen Zwangsmigranten am ehesten normalisiert, und sie hatten eine relativ hohe Entschädigung für ihre zurückgelassenen Vermögenswerte erhalten.[16]

Die Deutschen aus Lettland und Estland, die 1939/40 auf KdF-Schiffen nach Danzig und »Gotenhafen« (Gdingen) gebracht, die nach offizieller Lesart »heim ins Reich« geholt worden waren, konnten nicht wissen, dass dies nur die erste Phase einer längeren Migration sein würde, in der sie nicht mehr als Vertragsumsiedler, sondern als Flüchtlinge vor der Roten Armee und als Vertriebene aus dem 1944/45 wiedererstehenden Polen Richtung Westen unterwegs waren. Die Erfahrung des Heimatverlustes, der Entwurzelung, der Fremdheit und der Identitätsprobleme machten sie aber schon bei ihrer Ankunft im Deutschen Reich.

Nicht anders, wenngleich unter elenderen materiellen Bedingungen, erging es den anderen Gruppen von Volksdeutschen, die aus Ost- und Südosteuropa als Verfügungsmasse nationalsozialistischer Bevölkerungspolitik transferiert wurden, aus denen in den annektierten Ostgebieten zusammen mit den autochthonen Volksdeutschen, Balten, Reichsdeutschen der neue Stamm der »Wartheländer« sich hätte bilden sollen. Die ideologischen und pragmatischen Zusammenhänge von Bevölkerungspolitik und Verfolgung, aber auch die organisatorische Inkompetenz beim Transfer von Menschen waren evident. Im Tagebuch des Amtskommissars von Poniatowec im Kreis Herrensitz bei Lodz (Litzmannstadt) finden sich Belege aus der Realität der Umsiedlung im April 1941: »Wie ein Zigeunerlager sieht es auf dem unteren Marktplatz aus. Eine ganze Kolonne von Planwagen steht aufgefahren ... Aus dem Sammellager hinter Litzmannstadt ist dieser Trupp von Schwarzmeer-Deutschen zur Ansiedlung im Amtsbezirk Poniatowec in Marsch gesetzt worden. Alles scheint wohlorganisiert. Die begleitenden Männer vom SS-Ansiedlungsstab haben genaue Anweisungen, in welches

Dorf die einzelnen Familien kommen, welche Gehöfte sie übernehmen sollen. Nur wir, ich als Amtsvorsteher, die Gendarmerie als Vollzugsorgan, nicht einmal der zuständige Kreislandwirt, haben von dieser Aktion keine Mitteilung erhalten. Überraschend werden wir einmal wieder vor Tatsachen gestellt, auf die wir in keiner Weise vorbereitet sind.«

Der Amtskommissar, der 1942 nach Disziplinar- und Parteiverfahren wegen Begünstigung von Juden und Polen und wegen zu lauer Amtsführung aus dem Dienst scheiden musste, bemühte sich, die Härten zu mildern und verhinderte, dass der Umsiedlertreck mit der autochthonen Bevölkerung zusammentraf, ehe diese vertrieben war: »Es galt, die in Anspruch genommenen Gehöfte in Stundenschnelle räumen zu lassen. Einige Gendarmen rasten davon, gemeinsam mit den SS-Leuten, die schmerzlichen Räumungsaktionen durchzuführen. Die Treckführer bekamen Anweisung, so lange in Poniatowec zu warten, bis Nachrichten eingelaufen sind. Es wird Sorge getragen, dass die deutschen Ansiedler noch vor Dunkelheit in ihre neuen Behausungen kommen.«[17]

Im Mai 1942, die Deportation der Juden aus dem Ghetto Litzmannstadt zum Mord im Vernichtungslager Chelmno war längst im Gang, dokumentiert das Tagebuch des Amtskommissars auch einen sozialpolischen Aspekt der Umsiedlung: »Die Ghettoverwaltung Litzmannstadt hat uns den Hausrat der beseitigten Juden zur Verfügung gestellt. Welche Großzügigkeit, über Sachen zu befinden, die einem von Rechts wegen überhaupt nicht gehören! ... Herr Helferich hat heute begonnen, die Hinterlassenschaft der unglücklichen Juden öffentlich zu versteigern. Den Bestimmungen nach sollen nur Deutsche als Käufer zugelassen werden. Die reichsdeutschen und volksdeutschen Stadtbürger bedanken sich. Also haben wir die Versteigerungstermine in allen Dörfern ortsüblich bekanntgemacht und damit erreicht, dass besonders die Neu- und Umsiedler mit Frauen, Knechten und Gespannen im ehemaligen Judenviertel aufgefahren sind. Meiner Anordnung, die Taxwerte niedrig zu halten, hätte es nicht bedurft, denn die Zahl der Käufer ist nicht sonderlich groß, und die Gebote halten sich mäßig. Eine gewisse Zurückhaltung ist deutlich zu erkennen. Offenbar will man die Preise noch weiter drücken. Mir soll's recht sein. Ich habe ohnehin an der ganzen Aktion wenig Freude. Wenn bei freier Verteilung der Sachen nicht Ungerechtigkeiten zu befürchten wären, hätte ich den ganzen Nachlass unseren sehr bedürftigen rußlanddeutschen Bauern umsonst überlassen.«[18]

Die Wolhynien- und Galiziendeutschen, die ab November 1939 als Vertragsumsiedler (nach einem Abkommen mit der Sowjetunion) nach Westpolen verpflanzt wurden, die Volksdeutschen, die ihre Siedlungsgebiete in Bessarabien, der Bukowina und der Dobrudscha verlassen mussten, gehörten zu der halben Million Menschen, die noch einigermaßen systematisch angesiedelt wurden. Deren sozialpolitische Entwurzelung erfolgte in vollem Umfang erst nach der zweiten Migration, als für die meisten kein bäuerliches Leben in Nachkriegsdeutschland mehr möglich war. Den später in Marsch gesetzten Russlanddeutschen, etwa 350 000 Menschen aus Siedlungsgebieten am Schwarzen Meer, an der Wolga, in Transnistrien usw., war dann nur noch Lagerleben und Chaos in der 1944 beginnenden Agonie des Dritten Reiches und Flucht im endlosen Treck gen Westen beschieden.

Das Schicksal von etwa 20 000 Deutschen aus Bessarabien, der Bukowina und der Dobrudscha ist paradigmatisch für den politisch und ideologisch motivierten Transfer von Bevölkerung zu Beginn des Zweiten Weltkrieges. Anlass der Umsiedlung der Volksdeutschen aus Bessarabien und der Nordbukowina war die Annexion dieser Territorien durch die Sowjetunion im Sommer 1940. Bessarabien hatte vor dem Ersten Weltkrieg zu Russland gehört und war dann an Rumänien gefallen, die Bukowina war bis 1918 Bestandteil des Habsburgerreiches gewesen. Die Sowjetunion beanspruchte den nördlichen Teil der Bukowina wegen des hohen ukrainischen Bevölkerungsanteils und aus strategischen Gründen. Die Umsiedlung der Deutschen aus Bessarabien und der nördlichen Bukowina war mit ihrer Rettung vor dem kommunistischen

System politisch zu begründen, der Transfer der Deutschen aus der Südbukowina und der Dobrudscha war dagegen ausschließlich Bevölkerungspolitik aus ideologischen Motiven.

Die Umsiedlung begann im Herbst 1940, organisiert von der Volksdeutschen Mittelstelle. Im Gegensatz zu der Aussiedlung der Wolhyniendeutschen im Winter 1939/40, die für die Betroffenen desaströs verlief, wurde der Transfer deutscher Bevölkerung aus Bessarabien und der Bukowina gut geplant und durchgeführt.[19] Nach der Registrierung des auszusiedelnden Personenkreises begann die Klärung der Vermögensfragen in gemischten deutsch-rumänischen und deutsch-sowjetischen Kommissionen. Von Klarheit konnte freilich kaum die Rede sein: Über vieles, von Steuern bis zum Grundbesitz, bestand von Anfang an offizieller politischer Dissens, als Lösung wurde schließlich dem rumänischen Staat die Entschädigungspflicht gegenüber den Aussiedlern aufgebürdet, eine Pflicht, der er nicht nachkam und nicht nachkommen konnte. Die Bessarabiendeutschen wurden zwischen dem 24. September und 25. Oktober 1940 mit LKWs und im Treck nach Galatz transportiert und von dort aus mit Donauschiffen zu Zwischenlagern in Jugoslawien, nach Semlin (Sajmiste) bei Belgrad und Prachowo gebracht. Dann reisten sie per Eisenbahn in die Durchschleusungslager, die von der Volksdeutschen Mittelstelle im Altreich (in Bayern und Sachsen) und im Sudetenland eingerichtet worden waren. Die Volksdeutschen aus der Nordbukowina (»Buchenlanddeutsche«) wurden per Bahn transportiert, zur gleichen Zeit, im November 1940, wurden auch die Umsiedler aus der Dobrudscha in Marsch gesetzt.

Der Ankunft in Deutschland folgte eine Art Quarantäne im Lager, bei der die Volksdeutschen rassischen, erbbiologischen, medizinischen und politischen Untersuchungen unterworfen waren, die den Zweck hatten, ihre »Ansiedlungswürdigkeit« zu bestimmen. Die Einwandererzentralstelle, jene unter dem Dach des Reichssicherheitshauptamtes agierende Sammelinstanz, die bereits die Baltendeutschen betreut, kontrolliert, kategorisiert hatte, entschied aufgrund des »rassisch-völkischen« und des politischen

Befundes, ob die Volksdeutschen nach der Einbürgerung im Osten angesiedelt oder ins Altreich gebracht würden.

Die »O-Fälle« (Ansiedlung im Osten) hatten Aussicht auf Land und Besitz, den »A-Fällen«, also den nicht der Ostsiedlung für würdig Befundenen, stand sozialer Abstieg im Altreich bevor. Zu den Aufregungen des Lagerdaseins und den vielen Unzulänglichkeiten der Betreuung, der langen Wartezeit bis zur Ansiedlung kam die Enttäuschung vieler Bessarabiendeutscher, dass sie auf polnischem Gebiet siedeln sollten, dass sie als Angehörige der Okkupationsmacht in fremden Besitz eingewiesen wurden, dass sie oft die Vertreibung der polnischen Eigentümer durch deutsche Polizeikommandos noch miterlebten oder nur wenige Stunden nach der Deportation auf deren noch wohnwarme Höfe gesetzt wurden. Zu den Problemen gehörte auch, dass nachbarschaftliche Bindungen und die gewohnten Strukturen der Volksgruppe bei der Umsiedlung aufgelöst wurden, dass für viele die versprochenen Hofstellen nicht zur Verfügung standen, weil die NS-Bevölkerungspolitik, beruhend auf der Deportation der autochthonen polnischen und jüdischen Bevölkerung, ins Stocken geraten war, da sich die Behörden des Generalgouvernements weigerten, Polen aus den »eingegliederten Gebieten« aufzunehmen. Schließlich gerieten die Umsiedler in die Mühlen des Kompetenzkonflikts zwischen dem Reichskommissar für die Festigung deutschen Volkstums und dem Reichsminister für die besetzten Ostgebiete, in dessen Folge 3000 Bessarabiendeutsche von Himmler als »Wehrbauern« nach Russland geschickt wurden, nachdem sie gerade erst im »Warthegau« angesiedelt worden waren.

Und 10 000 Volksdeutsche aus Bessarabien und der Bukowina wurden im Sommer 1942 ins östliche Generalgouvernement, in das Gebiet um Zamosc, abgeschoben, um Höfe zu übernehmen, die dort ursprünglich ansässige Volksdeutsche 1940/41 hatten verlassen müssen, um im Warthegau zu siedeln. Damit hatte sich die nationalsozialistische Umsiedlungspolitik ad absurdum geführt, für die Betroffenen war dies freilich kaum tröstlich.[20]

Für die im Wartheland Angesiedelten begann die zweite Migration in der Form eines chaotischen Exodus in den letzten Kriegsmonaten. Am Mittag des 20. Januar 1945 befahl Gauleiter Arthur Greiser mit dem Losungswort »Frundsberg« die Räumung des »Reichsgaus Wartheland« durch die deutsche Zivilbevölkerung und die Behörden. Viel zu spät, miserabel organisiert und schlecht betreut setzten sich die Trecks Richtung Westen in Bewegung, behindert von rücksichtslosen Funktionären der NSDAP, von »Amtswaltern« und Wehrmachtsangehörigen, die es auf der Flucht vor der Roten Armee eilig hatten.

Im Warthegau lebten Anfang 1945 420 000 Menschen, die den ersten beiden Gruppen der »Deutschen Volksliste« angehörten, also uneingeschränkt als deutsch galten, außerdem 65 000 Angehörige der Gruppe 3 der Volksliste (»Deutsche auf Widerruf«) und 25 000 Personen der Gruppe 4 (»deutschstämmige Polen«). Aus dem »Altreich« zugewandert waren ab 1939/40 195 000 Deutsche. Einen beträchtlichen Anteil an der Eindeutschungspolitik hatten die Zwangsumgesiedelten, mit denen zusammen die deutsche Bevölkerung mit einer Million etwa ein Fünftel der Gesamtpopulation des Warthelandes ausmachte. Diese volksdeutschen Umsiedler waren aus den baltischen Staaten (31 000), aus Wolhynien und Galizien (125 000), aus der Dobrudscha, aus Bessarabien und der Bukowina (72 000) gekommen, schließlich wurden mit dem Rückzug der Wehrmacht 1943/44 noch 50 000 Schwarzmeerdeutsche »angesiedelt«.[21]

Dem Räumungsbefehl waren außer den aus dem Altreich Zugewanderten die meisten Deutschen der Volksliste 1 und 2 gefolgt, während die in den Gruppen 3 und 4 registrierten Personen zum großen Teil zurückblieben. Die Umsiedler fanden sich dagegen geschlossen in den Trecks. In einer Quellenedition zur Evakuierung des Warthelandes wird das lakonisch erklärt: »Zum einen waren sie nach der Umsiedlung in der neuen Umgebung noch nicht völlig heimisch geworden und waren das Trecken bereits gewohnt, zum andern kannten sie das Sowjetsystem teilweise noch aus eigener, leidvoller Erfahrung und fürchteten die Eroberung durch die Rote Armee.«[22]

Anmerkungen

[1] Hans Mommsen, Umvolkungspläne des Nationalsozialismus und der Holocaust, in: Helge Grabitz u. a. (Hrsg.), Die Normalität des Verbrechens, Berlin 1994, S. 68–84; s. a. Götz Aly/Susanne Heim, Vordenker der Vernichtung. Auschwitz und die deutschen Pläne für eine neue europäische Ordnung, Hamburg 1991.

[2] Karl Stuhlpfarrer, Umsiedlung Südtirol 1939–1940, Wien, München 1985, 2 Bde.; Michael Gehler, »... wie äußerst empfindlich die vor den Toren Italiens geschaffene Lage ist.« Der »Anschluss« 1938 und die Südtirolfrage mit Blick auf die »Achse« Berlin – Rom, in: Klaus Eisterer (Hrsg.), Tirol zwischen Diktatur und Demokratie (1930–1950), Innsbruck 2002, S. 213–245.

[3] Wortlaut des Dokuments bei Rudolf Lill (Hrsg.), Die Option der Südtiroler 1939, Bozen 1991, S. 227 f.

[4] Tiroler Geschichtsverein Bozen (Hrsg.), Option, Heimat, Opzioni. Eine Geschichte Südtirols. Katalog zur Ausstellung, Bozen 1989.

[5] Hans-Erich Volkmann, Zur Ansiedlung der Deutschbalten im »Warthegau«, in: Zeitschrift für Ostforschung 30 (1981), S. 527–558.

[6] Reichskommissar für die Festigung Deutschen Volkstums, der Menscheneinsatz, grundlegende Gesichtspunkte, Berlin 1940, zit. nach Hans Hermann Frensing, Die Umsiedlung der Gottscheer Deutschen. Das Ende einer südostdeutschen Volksgruppe, München 1970, S. 145.

[7] Ebenda.

[8] Valdis O. Lumans, Himmler's Auxiliaries. The Volksdeutsche Mittelstelle and the German National Minorities of Europe, 1933–1945, Chapel Hill, London 1993.

[9] Robert L. Koehl, RKFDV: German Resettlement and Population Policy 1939–1945. A History of the Reich Commission for the Strengthening of Germandom, Cambridge 1957.

[10] Jürgen von Hehn, Die Umsiedlung der baltischen Deutschen – das letzte Kapitel baltisch-deutscher Geschichte, Marburg 1984; Diktierte Option. Die Umsiedlung der Deutsch-Balten aus Estland und Lettland 1939–1941. Dokumentation, zusgest. und eingel. von Dietrich A. Loeber, Neumünster 1974.

[11] Vgl. Rex Rexheuser, Die Umsiedlung der Deutschbalten 1939, in: Jahrbuch des baltischen Deutschtums 36 (1989), S. 9–26, Zitat S. 13.

[12] Ebenda, S. 26.

[13] Rigasche Rundschau, 30. Oktober 1939, zit. nach Rexheuser, Umsiedlung, S. 18.

[14] Hellmut Sommer, 135 000 gewannen das Vaterland. Die Heimkehr der Deutschen aus Wolhynien, Galizien und dem Narewgebiet, Berlin, Leipzig 1940, S. 40 f.; s. a. Hans Krieg, Baltischer Aufbruch zum deutschen Osten, Berlin, Leipzig 1940; Friedrich Lange, Ostland kehrt heim, Berlin, Leipzig 1940.

[15] Harry Stossun, Die Umsiedlungen der Deutschen aus Litauen während des Zweiten Weltkrieges. Untersuchungen zum Schicksal einer deutschen Volksgruppe im Osten, Marburg 1993.

[16] Lars Bosse, Vom Baltikum in den Reichsgau Wartheland, in: Michael Garleff (Hrsg.), Deutschbalten, Weimarer Republik und Drittes Reich, Köln 2001, S. 297–387.

[17] Alexander Hohenstein, Wartheländisches Tagebuch 1941/42, München 1963, S. 103 f.

[18] Ebenda, S. 250 f.

[19] Dirk Jachomowski, Die Umsiedlung der Bessarabien-, Bukowina- und Dobrudschadeutschen. Von der Volksgruppe in Rumänien zur »Siedlungsbrücke« an der Reichsgrenze, München 1984.

[20] Ute Schmidt, Der »Reichskommissar für die Festigung deutschen Volkstums«. Fallbeispiele: Transfer der Bessarabiendeutschen, in: Gerhard Otto/Johannes Houwink ten Cate (Hrsg.), Das organisierte Chaos. »Ämterdarwinismus« und »Gesinnungsethik«. Determinanten nationalsozialistischer Besatzungsherrschaft, Berlin 1999, S. 199–230.

[21] Die Räumung des »Reichsgaus Wartheland« vom 16. bis 26. Januar 1945 im Spiegel amtlicher Berichte, bearb. von Joachim Rogall, Sigmaringen 1993, S. 26.

[22] Ebenda, S. 35.

Der Zwölfjährige aus dem Hultschiner Ländchen bekommt epileptische Anfälle, wenn er sich daran erinnert: Im Jahr 1945, irgendwo in Mähren, haben Tschechen Deutsche gefesselt, zu Paketen zusammengeschnürt und auf die Balustrade der Brücke über die March gehoben. Ein einbeiniger Greis stößt die Aufgereihten, ruhig und langsam, ganz systematisch arbeitend, mit seiner Krücke in den Fluss. Wenn eine Reihe fertig ist, werden die nächsten Menschenbündel auf das Geländer gepackt. »Manche Pakete baten um Gnade. Andere schwiegen verbissen. Die Pakete winselten und radebrechten unsinnige Worte. Die Pakete beteten auch.«[1]

Sowjetische Soldaten machen dem Treiben ein Ende, verjagen die Helfer, nehmen den Mordgreis fest. Später wird er verurteilt und hingerichtet. Alle müssen zusehen, auch der Zwölfjährige aus dem Hultschiner Land, der auch auf sein Ende gewartet hatte. Irgendwann wird er von seiner traumatischen Epilepsie geheilt, aber er erinnert sich weiter an den Oberlehrer Resnitzeck, der ein sehr gepflegtes Deutsch sprach und einen Zwicker trug, an die anderen, die von der March in die Donau gespült wurden, während sie ertranken. Im autobiographischen Roman hat Karl von Wetzky die Episode aus dem Leben des Zwölfjährigen, der als gebürtiger Deutscher 1946 zusammen mit seiner Mutter aus Mähren ausgesiedelt werden sollte, beschrieben. Gräuelgeschichten? Ja. Aber sie sind ein Teil historischer Realität, die nicht, von Legenden überwuchert, tabuisiert und verdrängt und dadurch Feindbilder stabilisierend, fortdauernder Feindschaft Nahrung geben darf.

In der Erinnerung der Betroffenen nahmen die traumatisierenden Ereignisse von Heimatverlust und Leiden, die Gefühle unschuldig erlittener Verfolgung und Vertreibung einen beträchtlichen Raum ein. Dazu kamen weitere bittere Erfahrungen der Demütigung, der Ohnmacht, des Neides beim Zusammentreffen mit autochthoner Bevölkerung. Man muss, um der Gruppe der

Betroffenen und ihren Gefühlen gerecht zu werden, sich deshalb zuerst die Dimension des Geschehenen vor Augen führen, aber nicht nur den Verlauf, sondern auch die Ursachen.

Die Umgangssprache der Bundesrepublik hat sich der semantisch-exakten Definition des Personenkreises, von dem hier die Rede ist[1], stets widersetzt. Der Pauschalbegriff »Flüchtlinge« bürgerte sich frühzeitig für alle ein, die als Folge des Krieges ihre Heimat verlassen mussten. Amtlich korrekt definiert waren zwei Kategorien deutlich unterschieden: «Vertriebene sind die Deutschen, die ihren Wohnsitz in den z. Zt. unter fremder Verwaltung stehenden deutschen Ostgebieten (Gebietsstand 31. 12. 1937) oder im Ausland hatten und ihn durch den Zweiten Weltkrieg infolge Vertreibung verloren haben.« Und: »Flüchtlinge aus der SBZ sind die Deutschen, die nach Kriegsende aus der sowjetischen Besatzungszone oder dem Sowjetsektor von Berlin in das Bundesgebiet einschl. Berlin (West) gekommen sind, und ihre Kinder«.[2] Im allgemeinen, aber auch im wissenschaftlichen Sprachgebrauch werden die Begriffe »Vertriebene« und »Flüchtlinge« meist synonym verwendet. In der DDR war ohne weitere Reflexion amtlich nur von »Umsiedlern« die Rede.

Ursprünge und Ursachen dieser Bevölkerungsbewegungen liegen in der nationalsozialistischen Zeit. Mit dem Zweiten Weltkrieg begann im Herbst 1939 in Europa eine der größten Umsiedlungs-, Emigrations- und Vertreibungswellen, die die Geschichte kennt. Ausgelöst wurde die Völkerwanderung durch nationalsozialistische Ideologie und Politik: Es waren die Folgen jener Schlagworte, an die zu viele in Deutschland zu lange glaubten – die Phrasen vom »Volk ohne Raum«, vom Recht des Stärkeren, das die Unterwerfung, Beherrschung, ja Vernichtung »minderwertiger« Völker naturgesetzlich erlaube.[3] Die erste Phase der riesigen Bevölkerungsbewegung erfasste über neun Millionen Menschen, die in einem Raum, der von Finnland im Norden, der Ukraine im Osten, Griechenland im Süden und Frankreich im Westen begrenzt war, rückgesiedelt, umgesiedelt, vertrieben, »eingedeutscht«, »umgevolkt« oder verschleppt wurden.[4]

Vom Standpunkt der NS-Volkstumspolitik aus wurde diese erste Phase größtenteils als Erfolg gewertet, holte sie doch Hunderttausende von »Volksdeutschen« »heim ins Reich«, wo sie verfügbar wurden für die »Germanisierung« der ehemals polnischen Gebiete, die vom Deutschen Reich annektiert worden waren. Etwa 1,2 Millionen Polen mussten deshalb ihre Heimat in den neuen »Reichsgauen« Wartheland und Danzig-Westpreußen verlassen und in das »Generalgouvernement« übersiedeln. Die Ziele, die sich hinter den bevölkerungspolitischen Maßnahmen verbargen, umreißt eine Denkschrift des Rassenpolitischen Amtes der NSDAP vom 25. November 1939, also kurz nach der Niederlage Polens, in der die »Schaffung einer rassisch und damit geistig-seelisch wie völkisch-politisch einheitlichen deutschen Bevölkerung« propagiert wurde. Die Verfasser der Denkschrift forderten konsequent: »Hieraus ergibt sich, dass alle nicht eindeutschbaren Elemente rücksichtslos beseitigt werden müssen«.[5]

Volkstumspolitik wurde in beträchtlichem, ja entscheidendem Maße durch Propaganda und Infiltration der deutschen Volksgruppen im Ausland betrieben: Das signifikanteste Beispiel bietet die nationalsozialistische Unterwanderung der sudetendeutschen Volksgruppe in der Tschechoslowakei, mit der das Münchener Abkommen von 1938 vorbereitet und die Zerschlagung der Tschechoslowakei als Staat eingeleitet wurde.[6]

Scheinbare Nutznießer der nationalsozialistischen Volkstumspolitik waren – für eine kurze Zeit – die Volksdeutschen. Unter der Parole »Wir wollen heim ins Reich« wurde dieser Personenkreis zur »Rückwanderung« in das deutsche Hoheitsgebiet veranlasst, teils freiwillig durch die Propaganda des »Volksbunds für das Deutschtum im Ausland«, teils gezwungen durch Verträge zwischen Berlin und den Aufenthaltsländern.

Ihre Umsiedlung war seit Sommer 1939 die Aufgabe der »Volksdeutschen Mittelstelle«. Seit dem 7. Oktober 1939 existierte eine weitere, neue Behörde: An diesem Tag, unmittelbar nach dem Ende des Polenfeldzugs, erhielt der Reichsführer SS Heinrich Himmler durch einen Führererlass den Auftrag zur »Zurückführung der für die endgültige Heimkehr in das Reich in Betracht kommenden Reichs- und Volksdeutschen im Ausland«. Himmler bekam damit nicht nur den Titel »Reichskommissar für die Festigung deutschen Volkstums« (so lautete dann auch die Bezeichnung des neuen Hauptamts im SS-Imperium); er erhielt auch weitreichende Vollmachten zur »Ausschaltung des schädigenden Einflusses von solchen fremden Bevölkerungsteilen, die eine Gefahr für das Reich und die deutsche Volksgemeinschaft bedeuten«. Das war ein Auftrag zur Vertreibung und zum organisierten Mord an unerwünschten Menschen. Außerdem war der Führer der SS zur »Gestaltung neuer deutscher Siedlungsgebiete durch Umsiedlung« befugt und konnte »den in Frage stehenden Bevölkerungsteilen bestimmte Wohngebiete zuweisen«.[7]

Vorstufe der Umsiedlung war die »Säuberung« des alten und des neuen Reichsgebiets von »Juden, Polacken und Gesindel«, wie es in einem Führererlass hieß, und die »Selektierung« der in den neu eroberten Ostgebieten lebenden Bevölkerung. Die Richtlinien gab es seit Frühjahr 1941 in Gestalt der »Deutschen Volksliste«. In entwürdigenden Verfahren prüfte man Abstammung, Gesinnung und »erbbiologische Eignung« für das »Deutsch-Sein«. Die »Brauchbaren« wurden in vier Gruppen der »Deutschen Volksliste« eingeteilt.[8] In Gruppe 1 und 2 kam, wer deutscher Abstammung war und nachweislich sein »Deutschtum bewahrt« hatte. Angehörige dieser beiden Gruppen erhielten die deutsche Staatsbürgerschaft und durften Mitglied der NSDAP werden. Der Gruppe 3 zugeordnete Personen bekamen die »deutsche Staatsangehörigkeit auf Widerruf«, weil sie zwar deutsche Herkunft und deutsche Gesinnung nachweisen konnten, aber »Bindungen zum Polentum« hatten (vor allem Kaschuben, Masuren, Oberschlesier) oder mit Polen verheiratet waren. Die Gruppe 4 war als Kategorie »polnisierter Deutscher« klassifiziert, der nur die »Anwartschaft auf die deutsche Staatsangehörigkeit auf Widerruf« gewährt wurde. Für den Rest der Bevölkerung in den Ostgebieten gab es lediglich den Status recht- und staatenloser Schutzangehöriger des Deutschen Reiches; »erbbiologisch Minderwertige« sowie politisch besonders schwer Belastete kamen sofort ins Konzentrationslager.

Aufgrund dieser Kategorien der »Volkstumspolitik« wurde zwischen 1939 und 1944 knapp eine Million Menschen aus deutschen »Volksgruppen« umgesiedelt, beginnend mit ca. 70 000 Südtirolern (in Nordtirol, Kärnten und Bayern angesiedelt) und endend mit 135 000 »Volksdeutschen« aus Galizien und 70 000 Deutschen aus Siebenbürgen. Der größte Teil der Umsiedler kam nicht ins »Altreich«, sondern in die besetzten und annektierten Gebiete. Viele, die ihre angestammten Siedlungsgebiete in Trecks verlassen hatten, wurden aber gar nicht angesiedelt, sondern warteten bis Kriegsende bzw. bis zur Rückeroberung der polnischen und sowjetischen Territorien in Lagern auf die versprochenen Bauernhöfe.[9] Historisch gesehen haben viele das Schicksal von Flucht und Vertreibung doppelt erlitten, und zwar in wechselnder Reihenfolge. Für viele folgte der Flucht aus dem Osten in weiter westlich gelegene Gebiete wenig später die Vertreibung von dort – vielleicht in die sowjetische Besatzungszone, die später in erneuter Flucht westwärts verlassen wurde.[10]

Heinrich Himmler, Chef der SS und Reichskommissar für die Festigung deutschen Volkstums – damit zuständig für die Umsiedlungen –, hatte, wohl schon Ende 1939, »einige Gedanken über die Behandlung der Fremdvölkischen im Osten« zu Papier gebracht, die die Essenz der deutschen »Germanisierungs«- und Ostpolitik enthielten. Am 28. Mai 1940 nahm Hitler von der Denkschrift Kenntnis und fand sie »sehr gut und richtig«, wie Himmler anschließend stolz notierte. Das Papier, in dem die Ideen, die Hitler in seinem Bekenntnisbuch ›Mein Kampf‹ 1925/26 schon angedeutet hatte, fortgeführt wurden, sollte nach Hitlers Willen nur einem kleinen Kreis von Eingeweihten im Wortlaut bekannt werden. Das bedeutete nicht, dass gegen die Umsetzung dieser Gedankengänge in Taten irgendwelche Bedenken bestanden.

Himmlers Postulate wurden in der Praxis der Besatzungsjahre in vielem sogar noch übertroffen. Die Grundidee bestand darin, die Bevölkerung des Ostens zunächst in möglichst viele Teile zu zersplittern und die in deutschen Augen »rassisch Minderwertigen« – das war die überwiegende Mehrheit – physisch und psychisch bis hin zum Genozid zu unterdrücken.[11] Die Vorstellungen der nationalsozialistischen Rassen- und Volkstumsideologie wurden schließlich zum »Generalplan Ost«[12] verdichtet, in dem auf Himmlers Anweisung die Siedlungsstrategie im Osten dargelegt war, einschließlich Finanzierung, »Menschenbedarf« und Vorschlägen zum Schicksal der nicht »Eindeutschungsfähigen«. Hierzu schlug im Februar 1942, bei einer Expertensitzung in Berlin, ein Vertreter des Reichsministeriums für die besetzten Ostgebiete vor, »zu erwägen, ob nicht durch die Industrialisierung des baltischen Raumes zweckmäßigerweise die rassisch unerwünschten Teile der Bevölkerung verschrottet werden könnten«.[13]

Von ihren Visionen und Wunschträumen, bei deren Realisierung ganze Völker vertrieben, versklavt und vernichtet werden sollten, ließen die Anhänger des Germanisierungswahns auch nicht ab, als sich das Kriegsglück längst gewendet hatte. Am 3. August 1944 verkündete Himmler auf einer Gauleitertagung in Posen unter stürmischem Beifall der Funktionäre des NS-Regimes, wie es weitergehen sollte im Osten: »Über das Problem, dass wir die Hunderttausende von Quadratkilometern oder die Million Quadratkilometer, die wir verloren haben, im Osten wieder holen, brauchen wir uns überhaupt gar nicht zu unterhalten. Das ist ganz selbstverständlich. Das Programm ist unverrückbar. Es ist unverrückbar, dass wir die Volkstumsgrenze um 500 km herausschieben, dass wir hier siedeln. Es ist unverrückbar, dass wir ein germanisches Reich gründen werden. Es ist unverrückbar, dass zu den 90 Millionen die 30 Millionen übrigen Germanen dazukommen werden, so dass wir unsere Blutbasis auf 120 Millionen Germanen vermehren [...]. Unsere politischen, wirtschaftlichen, menschlichen, militärischen Aufgaben haben wir in dem herrlichen Osten. Wenn es den Kosaken geglückt ist, sich für den russischen Zaren bis ans Gelbe Meer durchzufressen und das ganze Gebiet allmählich zu erobern, dann werden wir und unsere Söhne es in drei Teufels Namen fertigbringen, Jahr für Jahr, Generation für Generation unsere Bauerntrecks auszurüsten und von dem Gebiet, das wir zunächst hinter der militärischen Grenze haben, immer einige hundert Kilometer zunächst mit Stützpunkten zu versehen und dann allmählich flächenmäßig zu besiedeln und die anderen herauszudrängen. Das ist unsere Aufgabe«.[14]

Im gleichen Monat erreichte die Rote Armee Ostpreußen. Wenig später begann die Flucht der Deutschen aus den Ostgebieten, begann – im Oktober 1944 – der Leidensweg der »Volksdeutschen« aus Nord-Siebenbürgen und Ungarn, die auf Anordnung aus Berlin zunächst nach Schlesien und nach Österreich evakuiert wurden, begann der Exodus der Deutschen aus dem Memelland und aus Ostpreußen nach Pommern.

Zu dieser Zeit stand auf Seiten der Alliierten auch längst fest, dass Polen in der Nachkriegszeit auf deutsche Kosten entschädigt werden sollte; und zwar nicht nur für die Gebietsverluste, die es im Osten zugunsten der Sowjetunion hinnehmen musste. Darüber hinaus sollte nach dem Willen der Alliierten das deutsch-polnische Problem durch die Vertreibung aller Deutschen aus Polen – auch aus dem künftigen polnischen Territorium – radikal gelöst werden.

Lange vor der Potsdamer Konferenz[15] vom Sommer 1945 war auch schon beschlossen, dass das Sudetenland wieder Bestandteil der Tschechoslowakei sein würde. Vom Gebiet des »Altreichs« sollten auch Ostpreußen, dessen nördliche Hälfte die Sowjets beanspruchten, und die östlich der Oder-Neiße-Linie liegenden Teile von Pommern, der Mark Brandenburg und Schlesiens abgetrennt werden und unter polnischer Verwaltung bleiben, unter die sie die Sowjets bereits am 21. April 1945 gestellt hatten. Die Ausweisung der Deutschen aus ihrem Staatsgebiet betrieben dann aber nicht nur Polen, sondern auch die Tschechoslowakei, Ungarn, Jugoslawien und Rumänien. Die Gesamtbilanz nennt über 16 Millionen Menschen, die nach dem Ende der NS-Herrschaft das Schicksal von Flucht und Vertreibung traf und die in der Bundesrepublik sowie in der DDR eine neue Heimat finden mussten.

Die Vertreibung der Deutschen sollte, so hatten es die Alliierten auf ihren Kriegskonferenzen in Teheran (1943) und Jalta (1945) erörtert und in Potsdam besiegelt, innerhalb der neuen Grenzen Frieden stiften und die Minderheitenprobleme ein für allemal bereinigen, wie Winston Churchill im britischen Unterhaus am 15. Dezember 1944 erklärte: »Denn die Vertreibung ist, soweit wir in der Lage sind, es zu überschauen, das befriedigendste und dauerhafteste Mittel. Es wird keine Mischung der Bevölkerung geben, wodurch endlose Unannehmlichkeiten entstehen, wie zum Beispiel im Fall Elsaß-Lothringen. Reiner Tisch wird gemacht werden«.[16] Für die Tschechoslowakei hatte Staatspräsident Eduard Benesch dasselbe, die restlose Austreibung der Minderheit von 3,5 Millionen Sudetendeutschen, bereits 1941 im Londoner Exil gefordert.

Von Rache war in Potsdam nicht die Rede gewesen. Aber Rache gehörte 1945/46 zu den Bedürfnissen vieler, die deutsche Besatzungs- und Bevölkerungspolitik erlitten hatten. Beim Vormarsch der Roten Armee, bei der Übernahme der neuen polnischen Westgebiete, beim Prager Aufstand Anfang Mai 1945, nach dem Rückzug der Wehrmacht ließen sowjetische Soldaten, polnische Milizionäre, jugoslawische Partisanen, tschechische Bürger ihren Gefühlen gegenüber »den Deutschen« freien Lauf. Dass der Zorn der lange Unterdrückten mehrheitlich Frauen und Kinder, Greise, Zivilisten traf und nicht die politisch Verantwortlichen, die geflohenen Offiziellen der deutschen Okkupationsmacht oder die Funktionseliten des Nationalsozialismus, machte die Situation heillos und für die Betroffenen unverständlich. Erklärbar war die Reaktion von Gewalt und Demütigung, die Deutsche bei ihrer Flucht und Vertreibung erfuhren, als Reflex auf die Germanisierungsideologie und die Sklavenhaltermentalität, die Hauptbestandteil und Triebfeder der nationalsozialistischen Ostexpansion gewesen war.

Die Bestimmungen des »Polensonderstrafrechts«, die Praktiken der Ausbeutung von »Ostarbeitern« im Reich, den »Generalplan

Ost«, die Grundsätze über die Behandlung »Fremdvölkischer« kannten die Opfer des tschechischen und polnischen Zorns wohl nur zum geringsten Teil. Und ob sie sich mit den Maximen nationalsozialistischer Herrschaft identifiziert hatten oder nur selbstverständliche Nutznießer, ja möglicherweise Gegner des Regimes gewesen waren, die vielleicht mit der unterdrückten Bevölkerung im Generalgouvernement oder im Protektorat Böhmen und Mähren, im »Reichsgau Wartheland« oder in den annektierten Sudetengebieten sympathisiert hatten, blieb unerheblich.

Nationale Wut steht als kollektive Leidenschaft außerhalb jeder Vernunft, und für leidende Teilhaber kollektiven Schicksals ist Gerechtigkeit schwerlich zu erlangen. Die Erfahrung des Vertriebenwerdens und das Erlebnis der Flucht als letzter Möglichkeit zur Rettung der physischen Existenz gehören zu den historischen Determinanten des 20. Jahrhunderts. Diese Feststellung ist keine fatalistische Beschwichtigung, sondern ein Verdikt. Gegenüber dem Leid der unfreiwillig Wandernden sind historische Kategorien ohne Sinn. Das gilt für die Smyrna-Griechen am Anfang des Jahrhunderts ebenso wie für die in der Mitte des Saeculums aus ihrer Heimat verjagten Polen, wenig später für die Deutschen, für die jüdischen Displaced Persons am Ende der NS-Herrschaft, für Palästinenser und für bosnische Frauen in unseren Tagen nicht minder wie für serbische Bauern oder kroatische Kinder, die der Räson nationaler oder ethnozentrischer Ideologien unterworfen werden. Festzuhalten bleibt, dass die Vertreibung der Deutschen am Ende des Zweiten Weltkrieges, trotz aller Exzesse aus nationalem Furor oder Revanchebedürfnis, nicht genozidaler Absicht entsprang. Das gilt für alle Vergleiche, die die beklagenswerten Ereignisse zum Völkermord stilisieren wollen.

Unzählige Menschen waren zur Zeit der nationalsozialistischen Herrschaft gezwungen, in Lagern zu vegetieren, bei unzulänglicher Ernährung und üblen sanitären Bedingungen, behandelt als Menschen dritter Klasse oder schlechter. Der Abstufungen gab es viele, die ukrainische Fremdarbeiterin in Diensten der deutschen Rüstungsindustrie stand ziemlich tief in der sozialen Rangordnung, aber weit unter ihr existierten die KZ-Häftlinge, denen vor der Vernichtung noch Arbeitsleistung abgepresst wurde. Dass Deutsche ähnlichen Bedingungen unterworfen wurden, wie sie sowjetischen Kriegsgefangenen und »Fremdarbeitern« bis Kriegsende auferlegt waren und die sie für selbstverständlich hielten – der Beruhigung diente beim störenden Anblick vielleicht die Überzeugung vom Kulturgefälle und der Glaube an Kriegsnotwendigkeit –, hielten sie für ungeheuerlich und ungerecht.

Polnische Miliz errichtete zur Internierung der Deutschen Lager, in denen sie bis zur Vertreibung unter elenden Umständen, misshandelt und beraubt, leben mussten. Die Arbeitskraft wurde rücksichtslos ausgebeutet. Ein Lehrer aus Oberschlesien wurde am 18. Juli 1945 in das Lager getrieben, das in der Landeserziehungsanstalt Grottkau eingerichtet war. Bis Mai 1946 lebte er dort als Zwangsarbeiter eines Sägewerks. Frühmorgens ging es in Kolonnen zur Arbeit: »An jedem Morgen um 5.00 Uhr im Sommer und um 6.00 Uhr im Winter ertönte die Lagerglocke und weckte zum Aufstehen. Die Blockleiter liefen durch ihre Blocks und mahnten dazu mit lauter Stimme. Jeder Gesunde beeilte sich, ein karges Frühstück herzurichten, um dann auf dem Wege vor dem Tor anzutreten. Es erschien nun ein Vertreter des polnischen Arbeitsamtes und suchte die benötigten Arbeiter aus. Zuerst verließen die Sonderkommandos das Lager. Solche waren: Gas- und Wasserwerk, Waldarbeiter, Arbeiter in den verschiedenen Küchen einzelner polnischer Körperschaften wie Stadt- und Kreismiliz, Magistratsküche, Küche der geheimen polnischen Staatspolizei. Einzelne polnische Persönlichkeiten verlangten Deutsche, meist Frauen, zur Erledigung der häuslichen Arbeiten. – Diese alle verließen früh zuerst das Lager und gingen an ihre Arbeit. Es folgte nun der Hauptteil, etwa 350 bis 400 Personen, die geschlossen in die Stadt geführt wurden. Vornweg gingen polnische Aufsichtführende mit Gummiknüppeln durch die Lagerräume und jagten alle Personen zur Arbeit, von denen sie annahmen, daß sie arbeitsfähig waren. So verließ denn jeden Morgen eine große Schar das Lager, unterwegs oft von Polen verlacht. Nicht selten kam es vor, daß Polen am Fenster standen und ihre Freude an dem traurigen Zug zum Ausdruck brachten. Dieser Zug mußte in der Hauptsache die schweren Straßenarbeiten erledigen. Die Frauen mußten aus Ruten Besen binden und die Straßen kehren. Später mußten sie den Schmutz von den Straßen entfernen. Immer 15 bis 20 Frauen zogen einen großen Wagen, den sie vorher mit Schutt beladen hatten, zur Stadt hinaus. Dann luden sie den Schutt in die Gräben.«[17]

Besonders berüchtigt war das Lager Lamsdorf, in dem die deutsche Bevölkerung aus 14 schlesischen Dörfern interniert war: »Bei der im Spätherbst einsetzenden Typhusepidemie blieben nur wenige von der Krankheit verschont. Es gab damals nur abgekochtes Wasser mit etwas Kartoffeln darin. Brot kannten viele fast nicht mehr, erst recht nicht Schleimsuppen. An den Personen, die das Lager lebend verlassen hatten, sind wahre Wunder geschehen, denn das wenige, das die Angehörigen zur Lagerwache brachten, war mehr zum Ansehen als zum Sattwerden. Zu Hause bekamen sie ja fast nichts zu kaufen, und was sie bekamen, war furchtbar teuer, so daß sie den Preis meist nicht erschwingen konnten. Die Arbeit war schwer und hart. Auf das Feld kam kein Pferd, denn diese wurden benötigt für Plünderfahrten in die Umgebung. Die Wagen und Ackergeräte mußten von Männern gezogen werden, vor den Pflug wurden 12 Mann, vor Eggen 8 bis 10 Mann, je nach Größe, vor die Sämaschine 15 Mann gespannt. An ein Ausruhen war nicht zu denken, im Gegenteil. Zeitweise mußten die Männer vor diesen Geräten noch schnell laufen, wobei sie mit Gewehrkolben geschlagen wurden. So mancher lief auf dem Felde bei der Arbeit [um] sein Leben. An Arbeitskräften hat es kaum gemangelt. Wenn sie wirklich einmal knapp bemessen waren, wurde ein Grund gesucht, um ein neues Dorf ins Lager zu bringen. Insgesamt waren 14 Dörfer im Lager. Alle Altersstufen waren vertreten, vom Kind in der Wiege bis zum Greis am Rande des Grabes. Die alten Leute kamen gleich in das Krankenrevier. Dort wurden sie so kurz mit dem

Essen gehalten, daß sie sehr oft nur wenige Tage im Lager lebten. Die Frauen mit den Kindern kamen für sich auf eine neue Baracke. Die Mädchen kamen ebenfalls allein für sich. Alles, was auf den Beinen stehen konnte, von zehn Jahren an, wurde zur Arbeit genommen. Die Frauen hatten oft nicht Zeit, sich selbst sauber zu halten, geschweige denn die Kinder. Diese sind sehr oft im Schmutz von Läusen und Wanzen angefressen worden ...«[18]

Die Bedingungen, unter denen die Deutschen landwirtschaftliche Arbeiten verrichten müssen, sind elend, die polnischen Bewacher sind unbarmherzig, und wenn sie sich einen Spaß gönnen, bringt es den Opfern zusätzliches Leid. Die Klage über Willkür und Grausamkeit gegenüber den Deutschen ist aber ohne Erinnerung an das, was den Peinigern zuvor angetan wurde, und das Unverständnis, dass Deutschen solches geschehen konnte, entsprang dem Bewusstsein höheren Wertes, das durch die neuen Umstände aufs bitterste gekränkt war. Und umgekehrt war es den vermeintlichen Barbaren notwendig, die deutschen Herrenmenschen elend zu sehen, weil sie so viel von ihnen erlitten hatten, weil sie hofften, ihren Schmerz um Verlorenes durch Grausamkeit lindern zu können.

Zu Mitleid mit den Millionen betroffener Deutscher neigte kaum jemand. Zu groß waren bei den östlichen Nachbarn Deutschlands die Leiden, die ihnen nationalsozialistischer Germanisierungswahn und deutsche Besatzungspolitik in den Jahren des Zweiten Weltkrieges zugefügt hatten. Andererseits – das galt vor allem für die Westmächte – hielt man es aber auch für möglich, den gigantischen Bevölkerungstransfer in einigermaßen humaner Form durchzuführen. Das war, wie die Leiden und Verluste der Flüchtlinge und Vertriebenen beweisen, aus vielen Gründen eine irrige Annahme.

Viele verloren bei Flucht und Vertreibung ihr Leben. Dazu gehörten auch die Opfer von Rache- und Mordaktionen, an denen Tschechen ebenso beteiligt waren wie Rotarmisten, polnische Milizionäre und jugoslawische Partisanen. Unter dem schillernden Begriff »Vertreibungsverbrechen« wurde diese Gruppe der Vertreibungsopfer von interessierter Seite dazu benutzt, Verbrechen der Deutschen zu relativieren und sie mit den Verbrechen an Deutschen zu verrechnen. Abgesehen von der ganz unterschiedlichen Größenordnung sind die Ereignisse sowohl in der Ursache wie in der Wirkung nicht vergleichbar mit den Folgen der nationalsozialistischen Rassen- und Bevölkerungspolitik. Bei manchen Vertriebenenfunktionären und Rechtskonservativen wird das Thema aber ausschließlich aus dem Blickwinkel deutschen Leidens behandelt: Mit nationalistischer Wehleidigkeit und anklägerischem Pathos suchen sie den Eindruck zu erwecken, die Ereignisse würden in der deutschen Öffentlichkeit tabuisiert und totgeschwiegen. Das ist, wie ein Blick auf die umfangreiche Literatur in der Bundesrepublik seit den 1950er Jahren ohne weiteres lehrt, falsch, aber wirksam bis zum heutigen Tag.[19]

Der Strom der Heimatvertriebenen und Flüchtlinge, der sich aus den verlorenen deutschen Ostgebieten und aus Ost-Mitteleuropa in das verkleinerte und vierfach geteilte Deutschland ergoss, schien nicht zu versiegen. Ende Oktober 1946 wurden in den vier Besatzungszonen über 9,6 Millionen Heimatvertriebene gezählt. Die britische Zone hatte am 1. April 1947 einen Bevölkerungszuwachs von 3,67 Millionen (oder 18 Prozent) gegenüber 19,8 Millionen Einwohnern im Jahre 1939 zu verzeichnen. Die Einwohnerzahl der US-Zone vergrößerte sich um 3,25 Millionen (23 Prozent), die der sowjetischen Zone um 3,16 Millionen (16 Prozent), die französische Zone nahm nur ganz wenige Flüchtlinge widerwillig auf.[20] Bei der Volkszählung im September 1950 hatte sich die Zahl um mehr als zwei Millionen erhöht, die Gesamtbilanz nennt schließlich über 16 Millionen Menschen, die nach dem Ende der NS-Herrschaft das Schicksal von Flucht und Vertreibung erlitten und die in der Bundesrepublik und in der DDR neues Heimatrecht erwarben. Den größten Anteil der Wanderungsbewegung mussten die Agrarländer Mecklenburg-Vorpommern, Schleswig-Holstein, Niedersachsen und Bayern aufnehmen, weil dort die Ernährung und Behausung eher möglich war als in den Industriegebieten. Aber auch in Nordrhein-Westfalen gehörten von 100 Einwohnern 13 in die Kategorie der »Entwurzelten«, wie Vertriebene, Flüchtlinge und Evakuierte amtlich zusammenfassend genannt wurden.

Wegen der strengen Zuzugsbeschränkung kamen verhältnismäßig wenig Flüchtlinge ins Ruhrgebiet (1946 machten sie dort 3,5 Prozent der Bevölkerung aus). Vor allem arbeitsfähige junge Männer durften ins Revier, sie waren begehrt als »Neubergleute«, und sie hatten in der Regel weniger Schwierigkeiten, akzeptiert zu werden, als die Flüchtlingsfamilien auf dem Land, die als Fremde, als Störer des häuslichen Friedens, als unerwünschte arme Leute mit ungewohnten Sitten und Gebräuchen empfunden wurden. Die Einheimischen ließen die Flüchtlinge das Fremdsein spüren.

Postulat der alliierten Politik war, die Flüchtlinge zu integrieren: Sie durften keine soziale und politische Sonderrolle spielen, sollten in der Bevölkerung der Gastorte aufgehen und keine Irredenta bilden. Deshalb blieben politische Vereinigungen und Parteibildungen von Flüchtlingen bis 1949 – solange Parteien der Lizenzierungspflicht unterlagen – untersagt. Die Länder mussten in ihrer Flüchtlingspolitik ausdrücklich die Integration anstreben. In der DDR war daher für Organisationen von Vertriebenen in der gesamten Zeit ihres Bestehens kein Raum.

Die Verteilung der Flüchtlingsströme auf die einzelnen Länder empfanden die Betroffenen oft als ungerecht. Die agrarisch strukturierten Länder wurden stärker belegt als die Industrieländer. Der Anteil der Vertriebenen an der Gesamtbevölkerung lag 1950 in Bayern bei 21,1 Prozent, in Niedersachsen bei 27,2 Prozent, in Schleswig-Holstein bei 33,0 Prozent und in Mecklenburg bei 42,5 Prozent. Das war die höchste Quote überhaupt; aber auch Sachsen-Anhalt und Sachsen hatten mit je einer Million »Umsiedlern« einen hohen Flüchtlingsanteil.[21]

Die Probleme, die der Zustrom der im Osten heimatlos Gewordenen im zerstörten und von den Alliierten besetzten Rest-Deutschland schuf, schienen kaum lösbar. Die Vertriebenen erwarteten Wohnung und Arbeit, Entschädigung für erlittene Verluste und Betreuung in höchster existenzieller Not. Die Einheimischen hatten nicht immer – oder doch nicht auf Anhieb – Verständnis für die neuen Mitbürger, die zunächst in Lagern, dann in requirierten Wohnräumen lebten. Zunächst wurden sie als Fremde, als Störende des häuslichen Friedens, als unerwünschte arme Leute mit ungewohnten Sitten und Gebräuchen empfunden.

Die sozialen und ökonomischen Schwierigkeiten waren von psychologischen Problemen begleitet, die vielfältigen Niederschlag fanden. Ein neuer Beruf war bei der Betreuung der ungebetenen Neubürger entstanden, der »Wohnungseinweiser«, der im Auftrag des örtlichen Flüchtlingsamtes als eine Art Gerichtsvollzieher, notfalls unter Polizeischutz, die Flüchtlinge in die beschlagnahmten Quartiere einführte. In einer Dienstanweisung des Flüchtlingsamts Bielefeld aus dem Frühjahr 1947 heißt es einleitend, »der Wohnungseinweiser hat eine schwere, undankbare und verantwortungsvolle Aufgabe. Seine Tätigkeit unterliegt in hohem Maße der Kritik der Öffentlichkeit. Aus diesem Grunde muss er seine Pflicht tun ohne Ansehen der Person nach bestem Wissen und Gewissen. Bei der Ausübung seines Amtes muss er taktvoll, freundlich und unparteiisch vorgehen. Er muss in dieser Zeit der größten Raumnot damit rechnen, dass ihm die Wohnparteien schon bei seinem Erscheinen mit Misstrauen und Unwillen gegenübertreten. Das verpflichtet ihn erst recht, seine Anordnungen ruhig, aber bestimmt und klar zu geben.«[22]

Wie unerwünscht die hungernden und frierenden Eindringlinge in der vor dem Bombenkrieg bewahrten Häuslichkeit der Einheimischen waren, wie notwendig sie amtlichen Beistand hatten, steht in einem Bericht, der im Sommer 1946 in Bielefeld von einem Wohnungseinweiser verfasst wurde: »Die Flüchtlinge finden heute oftmals einen fast oder ganz leeren Raum vor. Dass sie auf dem Fußboden schlafen müssen, ihre geringe Habe nirgends unterbringen können, nehmen sie mit Bitternis hin. Aber womit sich kaum jemand abfinden kann, ist, dass man ihm nicht einmal das Kochen gestatten will. Gesetzt den Fall, es ist keine Küchenbenutzung vorgesehen, so wäre es dennoch eine moralische Pflicht des Vermieters, den Flüchtling die Zubereitung seiner kärglichen Mahlzeiten in der Küche vornehmen zu lassen, wenigstens solange, bis ein eigener Herd zur Verfügung steht. Was soll der Flüchtling denn tun? Kein Ofen, kein Herd, kein Brennmaterial ... Der Vermieter sagt dazu: Der Flüchtling verbraucht zu viel Gas und was der Dinge mehr sind.«[23]

Das bayerische »Flüchtlingsgesetz« vom Mai 1946 postulierte ein organisches Aufgehen der Flüchtlinge im bayerischen Volk, aber das entsprach kaum der Volksstimmung. Es war noch ein ziemlich weiter Weg, bis die Sudetendeutschen, die mehrheitlich in Bayern angesiedelt wurden, in politischen Sonntagsreden als »vierter Volksstamm« (neben Altbayern, Franken und Schwaben) gefeiert wurden. Der Bericht eines bayerischen Beamten über seine Inspektion der Unterbringungsverhältnisse von 600 Flüchtlingen in Neunburg vorm Wald im Juli 1946 illustriert das Problem eindrucksvoll: »In den von mir besichtigten Räumen waren Angehörige beiderlei Geschlechts und aller Jahrgänge untergebracht, Erwachsene, Kinder – Jugendliche (völlig mit Ungeziefer behaftet). Persönlichen zuverlässigen Informationen zufolge bedeuten die sittlichen Zustände bei diesen auf solche Weise Untergebrachten nicht nur eine sittliche Zerrüttung der heranwachsenden Flüchtlingsgeneration, vielmehr bedeutet diese Zerrüttung die Erzeugung von Zersetzungszellen der sittlichen Haltung der angestammten Bevölkerung ...«.[24]

Sittliche Entrüstung, wie hier im Übermaß demonstriert, hat meist konkrete Hintergründe, und auch hier hatte die scheinheilige fremdenfeindliche Argumentation ihren Zweck. Dem Beamten ging es darum, dringend notwendige Landarbeiter zu rekrutieren, und er sah eine einfache Lösung: »Während in diesen Lagern die Flüchtlinge sich ohne Arbeit befinden, besteht ernste Gefahr für die Sicherung der landwirtschaftlichen Erzeugung wegen Mangel an Arbeitskräften. Die Erfüllung des christlichen Gebotes und die Verantwortung, die sich für uns daraus ergibt, verpflichtet uns, sofort von der sich hier aufzeigenden Möglichkeit einer Lösung Gebrauch zu machen und die Flüchtlinge einem Berufe zuzuführen, der sie aus dieser entwürdigenden Atmosphäre, in der sie sich befinden, in eine würdige Arbeit innerhalb Gottes freier Natur führt. Hiermit findet das christliche und soziale Gebot seine Erfüllung mit der Belohnung einer volkswirtschaftlichen Erfolgssicherung.«[25]

Das integrationsfördernde Flüchtlingsgesetz diene, so schloss die schlitzohrige Argumentation zur sozialen Deklassierung der Vertriebenen und zur Besitzstandswahrung der Einheimischen, »der Entrechtung der angestammten Bevölkerung zugunsten der Flüchtlinge«.[26]

Die Haltung xenophobischer Abwehr war weit verbreitet. Die Notwendigkeit, knappen Wohnraum und Privatsphäre mit Fremden, die von Behörden eingewiesen wurden, zu teilen, war den Einheimischen nirgendwo angenehm. Sie versuchten, sich dem Beherbergungszwang möglichst zu entziehen. Die Sorge der Einheimischen, durch die amtliche Fürsorge zugunsten der Neubürger benachteiligt zu werden, war unbegründet. Wenn es, rein statistisch gesehen, auch gelang, einen erheblichen Teil der Flüchtlinge in ihren Berufssparten unterzubringen, so bedeutete das für viele doch sozialen Abstieg und Beschäftigung in minderer Position als in der alten Heimat. So war die Zahl der Arbeiter 1950 unter den Heimatvertriebenen überproportional größer als bei den Einheimischen. Die Währungsreform im Juni 1948 brachte für die Flüchtlinge besondere Probleme; denn der Geldschnitt begünstigte die eingesessenen Sachwertbesitzer und enteignete die Besitzer ersparten und geretteten Geldes. Ein Soforthilfegesetz sollte die ärgsten Härten lindern, bis 1952 mit der Lastenausgleichsgesetzgebung die wirtschaftliche Integration der Heimatvertriebenen begann. Insgesamt wurden mehr als 114 Milliarden DM zur Entschädigung bzw. gerechteren Verteilung der Verluste aus Krieg, Vertreibung und Währungsreform aufgebracht.[27] Der Integration dienten auch Umsiedlungen innerhalb des Bundesgebietes, um die überbelegten

Länder Bayern, Niedersachsen und Schleswig-Holstein zu entlasten. Die Flüchtlingspolitik der Länder hatte schon Erfolge gezeitigt, als 1949 das Bundesvertriebenenministerium gegründet wurde. So war es etwa mit Hilfe der Bayerischen Landesanstalt für Aufbaufinanzierung gelungen, Industrie- und Gewerbezweige der Heimatvertriebenen durch gezielte Kreditgewährung anzusiedeln – wie die Graslitzer Musikinstrumentenherstellung in Waldkraiburg, die Egerländer Geigenbauer in der »Geigenbauersiedlung« von Bubenreuth bei Erlangen und die Gablonzer Schmuckwarenindustrie bei Kaufbeuren, um nur drei bekannte Beispiele zu nennen. Als die sozialliberale Koalition im Herbst 1969 auf das Bundesministerium für Flüchtlinge und Vertriebene verzichtete, war eine beispiellose Integrationsleistung vollbracht worden. Begünstigt von der wirtschaftlichen Konjunktur und vom Arbeitsmarkt, gestützt durch sozialstaatliche Maßnahmen (das Lastenausgleichsgesetz wurde bis 1969 mehr als zwanzigmal novelliert) und durch die Summe individueller Anstrengung hatten die am Ende des Zweiten Weltkrieges Geflohenen und Vertriebenen neue Existenzen aufgebaut, die alles andere als randständig waren.

Indiz dafür, wie weitgehend die Eingliederung der Vertriebenen in der neuen Heimat gelang, ist der Bedeutungsverlust, den die Interessenverbände und die Flüchtlingspartei »Block der Heimatvertriebenen und Entrechteten« (BHE) erfuhren.[28] Der BHE, in Bund und Ländern in der ersten Hälfte der fünfziger Jahre begehrter Koalitionspartner mit beachtlichen Wählerzahlen, verschwand Anfang der 1970er Jahre ganz von der politischen Bildfläche; da der BHE stets eine Interessenpartei gewesen war, ist sein Erlöschen ein Zeichen dafür, dass die Gruppenidentität seiner Wähler nicht mehr existent war: Die Flüchtlinge waren in der Bundesrepublik heimisch geworden.

Das war, als im August 1950 »im Bewußtsein ihrer Verantwortung vor Gott und den Menschen« die Sprecher der Landsmannschaften und die Spitzen der Vertriebenenverbände die »Charta der deutschen Heimatvertriebenen« formulierten, noch nicht absehbar gewesen. In der Stuttgarter Kundgebung, bei der die Charta unter feierlichem Verzicht auf Rache und Vergeltung verkündet wurde, war auch das »Recht auf die Heimat als eines der von Gott geschenkten Grundrechte der Menschheit« postuliert worden.[29] Die Formulierung wurde in der DDR und im östlichen Ausland als Ausdruck von Revanchebedürfnis verstanden, und Vertriebenenpolitiker sorgten, am stärksten durch vehementen Widerstand gegen die sozialliberale Ostpolitik Anfang der siebziger Jahre, und über das Schlesiertreffen 1985 (mit dem fatalen Wahlspruch »Schlesien bleibt unser!«) hinaus für Missverständnisse.[30] In der DDR war man allezeit dankbar für die falschen Zungenschläge im Westen, stabilisierten doch auch die als »Revanchistentreffen« diffamierten alljährlichen landsmannschaftlichen Zusammenkünfte zu Pfingsten das offizielle Selbstbewusstsein vom »anderen Deutschland«, das seine antifaschistische Lektion besser gelernt habe als die Bundesrepublik.

Dass die historische Dimension der Vertreibung tabuisiert werde, behaupteten freilich Unruhige in der Bundesrepublik immer wieder. Das Leid der Flüchtlinge würde missachtet, die Zahl der Opfer verharmlost und die »Vertreibungsverbrechen« seien von den Politikern heruntergespielt und von den Historikern negiert worden, lautete der Vorwurf im stereotypen Klageton. Er entbehrt seit langem weithin der Grundlage. Allerdings hat die Bundesregierung, aus guten Gründen unglücklich taktierend, den Eindruck erweckt, sie wolle die Opferzahlen der Vertreibung im Verborgenen und klein halten. Von zwei Millionen Toten als Folge von Rache, Verfolgung, schlechter Behandlung beim Exodus war, auch in der seriösen Literatur, lange Zeit die Rede. Inzwischen hat der Historiker Rüdiger Overmans vom Militärgeschichtlichen Forschungsamt die tatsächliche Größenordnung, die bei rund 30 000 liegt, herausgearbeitet.[31]

Die Feststellung mindert ebenso wenig das Leid der Betroffenen, wie die, dass die Vertreibung der Deutschen aus Ostmitteleuropa kein singuläres Unrecht war, und sie kann nicht im mindesten der Rechtfertigung der damaligen Ereignisse dienen.

Die Vertriebenen haben jedoch neues Heimatrecht erworben; das schließt – sonst wären die Anstrengungen sinnlos und vergeblich gewesen – alte Besitzansprüche definitiv aus. Ein auf die Vertreibung gegründetes Niederlassungsrecht für Sudetendeutsche in der tschechischen Republik ist unter Gesichtspunkten sozialer Gerechtigkeit und des inneren und äußeren Friedens genauso wenig denkbar wie ein entsprechendes Verlangen in Schlesien oder Ostpreußen. Dass das Bekenntnis zu kultureller Identität (als Schlesier, als Sudetendeutsche, als Donauschwaben) nicht mit Besitzansprüchen verwechselt werden kann und dass die erzwungene Migration nicht in eine politische Irredenta mündete, haben die damals Vertriebenen und Geflohenen eindrucksvoll bewiesen. Das ist ihr Ruhmesblatt in der deutschen Nachkriegsgeschichte.

Ende der sechziger Jahre war in beiden deutschen Staaten die Integration der Heimatvertriebenen und Flüchtlinge des Zweiten Weltkrieges Realität geworden.[32] Als Fazit bleibt festzuhalten: Die Geschichte der Zwangsmigration am Ende des Zweiten Weltkrieges – verursacht durch nationalsozialistische Politik und exekutiert nicht nur an Deutschen – hat als Heimatverlust eine Generation traumatisiert, aber ebenso erstaunliche Integrationsleistungen hervorgebracht, und zwar, dies ist eine wichtige Gemeinsamkeit, in der DDR nicht weniger als in der Bundesrepublik.

Anmerkungen

[1] Karl von Wetzky, Gojele. Oder eines Christenbuben jüdische Abenteuer, nachdem die Zeit der Scho'a zu Ende war, Berlin 1994, S. 13.

[2] Gesetz über die Angelegenheiten der Vertriebenen und Flüchtlinge vom 19. 5. 1953, Bundesgesetzblatt I, S. 201; als Vertriebene gelten auch Emigranten vor NS-Verfolgung aus den Vertreibungsgebieten und Umsiedler aus außerdeutschen Gebieten sowie Ehegatten und Kinder des durch das Gesetz definierten Personenkreises.

[3] Flucht und Vertreibung. Europa zwischen 1939 und 1948. Mit einer Einleitung von Arno Surminski, Hamburg 2004; vgl. als Überblick K. Erik Franzen, Die Vertriebenen. Hitlers letzte Opfer, Berlin 2002.

[4] Hans Mommsen, Umvolkungspläne des Nationalsozialismus und der Holocaust, in: Helge Grabitz u. a. (Hrsg.), Die Normalität des Verbrechens, Berlin 1994, S. 68–84; s. a. Götz Aly/Susanne Heim, Vordenker der Vernichtung. Auschwitz und die deutschen Pläne für eine neue europäische Ordnung, Hamburg 1991.

[5] E. Wetzel/G. Hecht, Die Frage der Behandlung der Bevölkerung der ehemals polnischen Gebiete nach rassenpolitischen Gesichtspunkten, Archiv Institut für Zeitgeschichte MA 125/9, p. 380, S. 571–611; vgl. Karl Bringmann, Deutsche Sendung im Osten, in: Neues Volk. Blätter des Rassenpolitischen Amtes der NSDAP 7 (1939), H. 11, S. 3–5.

[6] Hierzu Rudolf Jaworski, Vorposten oder Minderheit? Der sudetendeutsche Volkstumskampf in den Beziehungen zwischen der Weimarer Republik und der ČSR, Stuttgart 1977.

[7] Erlaß des Führers und Reichskanzlers zur Festigung deutschen Volkstums, 7. Oktober 1939, Nürnberger Dokument PS 686 und NO 3075.

[8] Verordnung über die Deutsche Volksliste vom 4. März 1941, Reichsgesetzblatt I, S. 118; ausführlich hierzu Martin Broszat, »Erfassung« und Rechtsstellung von Volksdeutschen und Deutschstämmigen im Generalgouvernement, in: Gutachten des Instituts für Zeitgeschichte, Band II, Stuttgart 1966, S. 243–261.

[9] Vgl. Hellmuth Hecker, Die Umsiedlungsverträge des Deutschen Reiches während des Zweiten Weltkrieges, Hamburg 1971.

[10] Vgl. den Beitrag ›Zwangsmigration von Volksdeutschen im Zweiten Weltkrieg‹ in diesem Band.

[11] Denkschrift Himmlers über die Behandlung der Fremdvölkischen im Osten (Mai 1940), in: Vierteljahrshefte für Zeitgeschichte 5 (1957), S. 194–198.

[12] Generalplan Ost. Rechtliche, wirtschaftliche und räumliche Grundlagen des Ostaufbaus. Vorgelegt von SS-Oberführer Prof. Dr. Konrad Meyer, Berlin-Dahlem, Juni 1942, Archiv Institut für Zeitgeschichte, MA 1497; Nürnberger Dokument NO 2255; hierzu Rolf-Dieter Müller, Hitlers Ostkrieg und die deutsche Siedlungspolitik, Frankfurt a. M. 1991; s. a. Mechtild Rössler/Sabine Schleiermacher (Hrsg.), Der »Generalplan Ost«. Hauptlinien der nationalsozialistischen Planungs- und Vernichtungspolitik, Berlin 1993.

[13] Bericht über die Sitzung am 4. 2. 1942 bei Dr. Kleist über die Fragen der Eindeutschung, insbesondere in den baltischen Ländern, 11. 3. 1942, abgedruckt bei Helmut Heiber, Der Generalplan Ost, in: Vierteljahrshefte für Zeitgeschichte 6 (1958), S. 281–325, zit. S. 295.

[14] Rede Himmlers vor den Gauleitern am 3. August 1944, in: Vierteljahrshefte für Zeitgeschichte 1 (1953), S. 357–394, zit. S. 393 f.

[15] Wolfgang Benz, Potsdam 1945. Besatzungsherrschaft und Neuaufbau im Vier-Zonen-Deutschland, 3. Aufl. München 1994.

[16] Winston S. Churchill, Reden 1944, gesammelt von Charles Eade, Zürich 1949, S. 459 f., zit. S. 468.

[17] Bericht des Lehrers K. K. aus Grottkau in Oberschlesien, in: Die Vertreibung der deutschen Bevölkerung aus den Gebieten östlich der Oder-Neiße, München 1984 (reprint dtv), Bd. 2, S. 416.

[18] Erlebnisbericht des J. Th. aus Grüben, Kreis Falkenberg in Oberschlesien, ebenda, S. 430–431.

[19] Hierzu die 1951 vom Bundesvertriebenenministerium in Auftrag gegebene »Dokumentation der Vertreibung der Deutschen aus Ost-Mittel-Europa«, die 1954–1963 in 8 Bänden erschien (Neuaufl. München 1984). Zugrunde lagen dieser Dokumentation Tausende Erlebnisberichte und Interviews; vgl. dazu aber auch Ingo Haar, Friedrich Valjavec: Ein Historikerleben zwischen den Wiener Schiedssprüchen und der Dokumentation der Vertreibung, in: Lucia Scherzberg (Hrsg.), Theologie und Vergangenheitsbewältigung. Eine kritische Bestandsaufnahme im interdisziplinären Vergleich, Paderborn 2005, S. 103–119. Die umfangreiche frühe Literatur zum Komplex Flucht und Vertreibung und die öffentliche Resonanz des Themas geht aus folgenden Zusammenstellungen und Bibliografien hervor: Bundesministerium für Vertriebene, Flüchtlinge und Kriegsgeschädigte (Hrsg.), Zeittafel der Vorgeschichte und des Ablaufs der Vertreibung sowie der Unterbringung und Eingliederung der Vertriebenen und Bibliographie zum Vertriebenenproblem, 2 Bde., Bonn 1959–1960; dass. (Hrsg.), 10 Jahre nach der Vertreibung. Äußerungen des In- und Auslandes und eine Zeittafel, Bonn 1956; Gertrud Krallert-Sattler, Kommentierte Biblio-

graphie zum Flüchtlings- und Vertriebenenproblem in der Bundesrepublik Deutschland, in Österreich und in der Schweiz, München 1989.

[20] Herkunft und Verbleib der Heimatvertriebenen, in: Bundesgesetze und Leistungen für die Geschädigten des Krieges und der Kriegsfolgen, Bonn 1957, S. 14 f.

[21] Siegfried Bethlehem, Heimatvertreibung, DDR-Flucht, Gastarbeiterzuwanderung. Wanderungsströme und Wanderungspolitik in der Bundesrepublik Deutschland, Stuttgart 1982, S. 30; Horst Barthel, Die wirtschaftlichen Ausgangsbedingungen der DDR, Berlin 1979, S. 55.

[22] Dienstanweisung für die Wohnungseinweiser des Flüchtlingsamts Bielefeld (10. 3. 1947), in: Christoph Kleßmann, Die doppelte Staatsgründung. Deutsche Geschichte 1945–1955, Bonn 1982, S. 359.

[23] Probleme der Umquartierung aus Flüchtlingslagern in beschlagnahmte Wohnräume (Auszug aus dem Bericht eines Wohnungseinweisers in Bielefeld 1946), ebenda, S. 358 f.

[24] Kurzbericht zur Lage der Flüchtlinge und Einheimischen, Bayer. Hauptstaatsarchiv MArb, vorl. Nr. 333, zit. nach Friedrich Prinz, Integration und Neubeginn. Dokumentation über die Leistung des Freistaates Bayern und des Bundes zur Eingliederung der Wirtschaftsbetriebe der Vertriebenen und Flüchtlinge und deren Beitrag zur wirtschaftlichen Entwicklung des Landes (im Auftrag des Bayer. Staatsministeriums für Arbeit und Sozialordnung), Bd. 2, München 1984, S. 889–891.

[25] Ebenda.

[26] Ebenda.

[27] Vgl. Paul Erker (Hrsg.), Rechnung für Hitlers Krieg. Aspekte und Probleme des Lastenausgleichs, Heidelberg 2004.

[28] Franz Neumann, Der Block der Heimatvertriebenen und Entrechteten 1950–1960. Ein Beitrag zur Geschichte und Struktur einer politischen Interessenpartei, Meisenheim 1968.

[29] Charta der deutschen Heimatvertriebenen, 5. August 1950, Wortlaut in 19 Sprachen, hrsg. vom Bundesministerium für Vertriebene, Bonn o. J.

[30] Vgl. Wolfgang Benz (Hrsg.), Die Vertreibung der Deutschen aus dem Osten. Ursachen, Ereignisse, Folgen, 2. Aufl. Frankfurt a. M. 1995.

[31] Rüdiger Overmans, »Amtlich und wissenschaftlich erarbeitet«. Zur Diskussion über die Verluste während Flucht und Vertreibung der Deutschen aus der ČSR, in: Detlef Brandes/Edita Ivaničková/Jiři Pešek (Hrsg.), Erzwungene Trennung. Vertreibungen und Aussiedlungen in und aus der Tschechoslowakei 1938–1947 im Vergleich mit Polen, Ungarn und Jugoslawien, Essen 1999,

S. 153–181; s.a. Vertreibung und Vertreibungsverbrechen 1945–1948. Bericht des Bundesarchivs vom 28. Mai 1974. Archivalien und ausgewählte Erlebnisberichte, Bonn 1989 (hrsg. von der Kulturstiftung der deutschen Vertriebenen).

[32] Zusammenfassend zur Integration s. Dierk Hoffmann/Marita Krauss/Michael Schwartz (Hrsg.), Vertriebene in Deutschland. Interdisziplinäre Ergebnisse und Forschungsperspektiven, München 2000; Michael Schwartz, Vertriebene und »Umsiedlerpolitik«. Integrationskonflikte in den deutschen Nachkriegs-Gesellschaften und die Assimilationsstrategien in der SBZ/DDR 1945 bis 1961, München 2004.

Verweigerte Aufnahme

Illegale Einwanderung in Palästina

Mit 350 jüdischen Passagieren war Ende August 1939 ein überfülltes kleines Schiff, die »Colorado«, aus Rumänien vor der Küste Palästinas angekommen. Unter der Flagge Panamas, kommandiert von einem griechischen Kapitän, der zum zehnten Mal mit einer abenteuerlich zusammengewürfelten Besatzung die Route fuhr, bereiteten sich im Schutz der Dunkelheit die Passagiere, jüdische Flüchtlinge aus Hitlerdeutschland, darauf vor, in Erez Israel zu landen. Der Chef des illegalen zionistischen Unternehmens stieg auf die Reling und gab Lichtzeichen mit seiner Taschenlampe in die Nacht. Die Flüchtlinge glaubten sich am Ziel.

Die Reisenden hofften auf die Helfer der Haganah, der illegalen jüdischen Organisation im britischen Mandatsgebiet Palästina, die sie mit kleineren Booten an Land bringen würden. »Kein Laut war zu hören. Totenstille. Doch plötzlich strömte ringsum grelles Licht von mächtigen Scheinwerfern, überschwemmte und blendete uns. Wir schlossen die Augen und senkten die Köpfe. Dann kam von dem grellen Licht her eine Stimme in Englisch, ein Befehl. Die Colorado machte Licht. Die Scheinwerfer wandten ihre Lichtstrahlen zur Seite, und siehe, wir waren umzingelt von einer Flotte von Kriegsschiffen und Polizeibooten, die uns von allen Seiten umgaben ... Dann rief und brüllte es wieder von dort, und dann kam ein Motorboot, und ein englischer Offizier stieg die Leiter hinauf und wir rückten zur Seite, und der Kapitän empfing ihn und dann stiegen noch einige Soldaten auf unser Schiff und die Colorado ließ die Maschinen an und begann zu fahren, von der englischen Mittelmeerflotte umgeben. Gegen Morgen kamen wir in den Haifaer Hafen und an einem der Docks legten wir an. Den Kapitän und die Mannschaft verhafteten die Briten, und einige Mann blieben als Wache auf dem Schiff. So endete unsere Fahrt ins Gelobte Land.«[1]

Menachem Lieber, der Chronist, war damals 24 Jahre alt. Als Kind ostjüdischer Eltern gehörte er zu den Deportierten der »Polenaktion«, die im Oktober 1938 aus dem Deutschen Reich gejagt wurden. Die »Colorado« war eines der illegalen Schiffe, die seit 1934 jüdische Flüchtlinge aus dem Machtbereich der Nationalsozialisten nach Palästina zu bringen versuchten – gegen den Willen der britischen Mandatsregierung, die jede Einwanderung außerhalb der engen Quotenregelung zu unterbinden trachtete. Die Flüchtlinge, denen es nicht gelang, mit Hilfe der Haganah, der jüdischen Selbstschutz- und militärischen Untergrundorganisation, an Land zu kommen, wurden von den Briten interniert und deportiert, in der Regel nach Zypern. Die Passagiere der »Colorado« durften, nach längerer Internierung in Haifa, im Land bleiben. Das unterschied sie von vielen, die mit der Alijah Beth, der illegalen Einwanderung, nach Palästina kommen wollten, aber wie sie von der Mandatsmacht vor der Küste aufgebracht wurden.

Ursprünglich war Palästina das Auswanderungsziel nur einer kleinen Minderheit, der Zionisten. Die Mehrheit der Juden in Deutschland und Österreich war, wenn überhaupt, an anderen Emigrationsländern interessiert. Zionismus und jüdische Ansiedlung in Palästina schien den mitteleuropäischen hoch assimilierten Juden ein passender Ausweg aus ökonomischer, sozialer und politischer Misere für die Glaubensbrüder in Polen und anderen Ländern Osteuropas. Der eigenen Lebenswelt waren die zionistischen Ideale eines Judenstaates fremd. Der Machterhalt der Nationalsozialisten änderte am Bewusstseinsstand der deutschen Juden in dieser Hinsicht zunächst nur wenig. Erst allmählich, nach den Nürnberger Gesetzen 1935 und den Berufsverboten im NS-Staat, dann, im Herbst 1938 nach den Novemberpogromen, wurde auch Palästina ein begehrtes Auswanderungsziel.

Der Emigration dorthin standen freilich besondere Hindernisse entgegen. Zum einen waren es die physischen und praktischen Anforderungen, die an die Siedler gestellt wurden. Akademische und kaufmännische Kenntnisse waren nicht gefragt, wohl aber landwirtschaftliche und handwerkliche Fertigkeiten, denn es ging ja darum, unwirtliches Land urbar zu machen. Die jungen Zionisten, organisiert im »Hechalutz« (Pionier), bereiteten sich als »Chaluzim« auf das Leben in der neuen Heimat vor und erwarben sich die notwendigen Fähigkeiten in Lehrgängen und Praktika, sie gingen auf »Hachschara« (Ertüchtigung) und trainierten auf Lehrgütern für die Zukunft in »Erez Israel«. Der Erwerb von hebräischen Sprachkenntnissen war ebenfalls Vorbedingung des zionistischen Siedlerlebens in Palästina.

Mit der Organisation der jüdischen Einwanderung, der »Alijah« (Aufstieg), war die Jewish Agency for Palestine in Tel Aviv betraut. Sie unterhielt in Berlin das »Palästina-Amt« mit Zweigstellen im ganzen Deutschen Reich, zuständig für Auswahl, Beratung, Devisentransfer, Beschaffung von Visa, Zertifikaten und Transportmöglichkeiten. Die andere und entscheidende Hürde vor dem Eintritt ins Gelobte Land war das Einwanderungszertifikat, das die britische Mandatsregierung nur innerhalb enger Quoten erteilte. Es gab verschiedene Kategorien: A-Zertifikate für Kapitalbesitzer, Freiberufler, Handwerker und andere, deren Einkommen gesichert war, B-Zertifikate konnten Angehörige religiöser Berufe, Schüler, Studenten erhalten, C-Zertifikate wurden an Arbeiter (mit handwerklicher oder landwirtschaftlicher Ausbildung) erteilt. D-Zertifikate konnten Personen beantragen, deren Angehörige bereits in Palästina lebten.

Etwa 60 000 Juden sind zwischen Frühjahr 1933 und Herbst 1941, als der NS-Staat die Emigration förmlich verbot, auf legale Weise nach Palästina emigriert.[2] Die Alijah Beth, die illegale Wanderung nach Israel, war die letzte Hoffnung Verzweifelter auf der Flucht vor Verfolgung und Vernichtung durch den Nationalsozialismus. Organisiert von zionistischen Organisationen wie der Mossad le Alijah Beth, unterstützt von der jüdischen Untergrundorganisation Haganah in Palästina, kamen die Illegalen auf verschiedenen Wegen ins Land, mit gefälschten oder unberechtigt benutzten Papieren, durch den Abschluss von Scheinehen, als Touristen, über

Land aus Osteuropa, vor allem aber über See, meist auf altersschwachen, überlasteten und kaum seetüchtigen Schiffen.[3]

Der Fahrt übers Meer ging vor dem und im Zweiten Weltkrieg oft eine nicht minder beschwerliche Reise ab Wien auf der Donau – dann durch das Schwarze Meer – voraus. Dieser Weg nach Erez Israel war bis 1941 politisch am leichtesten zu bewerkstelligen. Die Donau war ein internationaler Schiffahrtsweg, die Anrainerstaaten Slowakei, Ungarn, Jugoslawien, Bulgarien, Rumänien zeigten lange Zeit keinen Verfolgungseifer gegenüber jüdischen Flüchtlingen, der Geschäftssinn vieler Reeder, Schiffsausrüster und anderer, die an der Flucht der Juden verdienen wollten, war geweckt.

Das erste Einwandererschiff, das im Sommer 1934 Palästina erreichte, war ein griechischer Trawler, die »Velos«. Sie war mit 300 polnischen Juden an Bord in Piräus abgefahren und hatte ohne Probleme Tel Aviv erreicht. Eine zweite Fahrt des Schiffes vom bulgarischen Hafen Varna aus verlief weniger glimpflich. Die britische Küstenwache zwang die »Velos« zum Verlassen der palästinensischen Küstengewässer. Sie irrte 10 Wochen lang durchs östliche Mittelmeer, ohne irgendwo Landeerlaubnis für ihre Passagiere zu bekommen, und musste schließlich nach Polen zurückkehren. Im Januar 1936 verschärfte die Mandatsregierung in Palästina durch Gesetz die Strafbestimmungen für illegale Einwanderung. Die Sanktionen für Begünstigung erhöhten für Reedereien das Risiko und machten das Chartern von Schiffsraum immer teurer.

Nach dem Schock der »Reichskristallnacht« im November 1938 und der anschließenden Inhaftierung von etwa 26 000 Juden in Konzentrationslagern zur Erhöhung des Auswanderungsdrucks[4] war das Weißbuch der britischen Regierung im Mai 1939 ein weiteres Signal für die schwierige Situation auswanderungswilliger Juden. Großbritannien plante die jüdische Einwanderung bis 1944 auf insgesamt 75 000 Personen zu begrenzen bei einer Jahresquote von 10 000 und möglicherweise weiteren 25 000 Flüchtlingen, wenn die ökonomische Lage des Landes dies nach Einschätzung des Hohen Kommissars erlauben würde. Ohne Zustimmung der arabischen

Bevölkerung sollte danach überhaupt keine weitere Immigration mehr erfolgen. Der Anteil der Juden an der Gesamtbevölkerung Palästinas sollte ein Drittel nicht übersteigen.[5] Die britischen Pläne hatten außer Protesten der Zionisten eine starke Zunahme der Alija Beth zur Folge. Im ersten Halbjahr 1939 erreichten außer 8 000 legalen 10 000 illegale Einwanderer Palästina. Zur Strafe wurden dafür im Zeitraum Oktober 1939 bis April 1940 gar keine Immigranten mehr zugelassen.

Die illegale Einwanderung – dargestellt mit dem Blick auf die individuelle Dimension der Flucht aus Hitlers Machtbereich – war die oft vergebliche, vielfach tragisch scheiternde Anstrengung zur Überwindung äußerer Grenzen und zugleich die kollektive Erfahrung des Unerwünschtseins, der Zurückweisung, des Unverständnisses für die jüdische Situation. Die Vertreibung der Juden aus Deutschland war Anlass einer verzweifelten Zwangsmigration, die früher als alle Umsiedlungen und Bevölkerungstransfers im Zeichen nationalsozialistischer Ideologie begann.

»Sonder-Hachscharah« (abgekürzt mit dem tarnenden Kürzel (S. H.) hießen sieben illegale Passagen, die mit Hilfe des American Joint Distribution Committee finanziert wurden. Besonders elend war das Schicksal derer, die mit der »S. H. 5« nach Palästina zu gelangen hofften. Ihr Schiff »Pencho« lag lange Zeit an der bulgarisch-rumänischen Grenze bei Russe auf der Donau fest. Andere Flüchtlingsschiffe passierten das Schiff, das unter Quarantäne stand. Szenen wie die folgende finden sich in ähnlicher Form in vielen Erinnerungen: »Wir sahen in einer Entfernung von ca. 200 Metern die ›Pencho‹ liegen ... Bekannt war uns bereits, daß die ›Pencho‹ nicht seetüchtig war und irgendwo liegengeblieben war. Bekannt war uns ferner, daß auf dem Schiff mehrere aufgrund von Berliner Palästina-Amts-Bescheinigungen aus dem KZ entlassene Polen waren, deren Frauen sich auf unserem Schiff befanden. Diese Frauen waren aufgrund der erhaltenen Nachrichten schon stark besorgt um das Schicksal ihrer Männer. Die ›Pencho‹-Leute erkannten uns als Schicksalsgefährten und versuchten sich durch

Sprechchöre mit uns zu verständigen. Auf unserem Schiff trat lautlose Stille ein. Wir verstanden, daß man uns zurief: ›Wir hungern. Schickt uns Brot und andere Lebensmittel.‹ Wir antworteten im Sprechchor: ›Wir werden schicken.‹ Es fand sofort eine Sammlung statt. Obwohl wir selbst keinen Überfluß hatten, kamen große Mengen von Brot, Ölsardinen, Schokolade und Zigaretten zusammen. Jeder fühlte, daß sich drüben auf dem Schiff eine der größten Tragödien unseres Volkes abspielte. Besonders betroffen waren die Frauen, deren Männer auf der ›Pencho‹ waren. Sie weinten, schrien und flehten unsere Transportleiter sowie den Kapitän an, dafür Sorge zu tragen, daß ihre Männer auf unser Schiff umgeladen würden. Alle Bemühungen waren aber vergeblich. Der Kapitän erklärte, jede Berührung mit dem Schiff vermeiden zu müssen, weil ansteckende Krankheiten an Bord seien.«[6]

Das Schiff mit seinen 1440 Passagieren nahm schließlich, notdürftig repariert, Kurs auf Palästina, erreichte das Schwarze Meer, gelangte durch die Dardanellen bis in den westlichen Dodekanes, wo es am 9. Oktober 1940 vor der Insel Chamilonisi strandete. Ein Teil der Schiffbrüchigen wurde von italienischen Booten geborgen und auf Rhodos interniert.[7]

Zwei weitere Flüchtlingsschiffe gingen im Schwarzen Meer unter tragischen Umständen zugrunde. Der bulgarische Dampfer »Struma«, der normalerweise zum Gütertransport auf der Donau eingesetzt war, verließ am 12. Dezember 1941 unter der Flagge Panamas den rumänischen Hafen Constanţa. Das schlecht ausgerüstete und reparaturanfällige Schiff – die Maschine brach nach mehreren Störungen schließlich völlig zusammen – erreichte erst vier Tage später Istanbul, wo der Kapitän am 24. Dezember die Behörden davon unterrichtete, dass das Schiff nicht seetüchtig sei. Die türkischen Behörden verweigerten wiederholt die Landung der Flüchtlinge, die überwiegend aus Bessarabien und der Bukowina stammten und rumänischer Verfolgung bzw. der Deportation nach Transnistrien entkommen waren. Nach langen Verhandlungen gestattete die britische Mandatsregierung Kindern unter 11 Jahren die Einreise nach Palästina. Diese Nachricht erreichte die »Struma« jedoch nicht mehr. Sie war am 24. Februar in See gestochen. Es ist nicht geklärt, ob die Abreise auf türkisches Drängen oder aus Verzweiflung über die vergeblichen Verhandlungen erfolgte. Am gleichen Tag noch sank das Schiff mit 763 Passagieren (von denen angeblich vier gerettet werden konnten) unweit der türkischen Küste. Das marode Schiff ist mit größter Wahrscheinlichkeit aufgrund eines unglücklichen Zufalls von einem sowjetischen Torpedo getroffen worden.[8] Der Untergang der »Struma« hatte ein parlamentarisches Nachspiel im britischen Unterhaus, ausgelöst durch die Empörung in der jüdischen Bevölkerung Palästinas, und endete mit der Abberufung des britischen Hohen Kommissars. Bis Kriegsende milderte sich die Haltung Londons gegenüber der illegalen Einwanderung ein wenig, d. h. die über die Türkei kommenden Flüchtlinge hatten größere Chancen, nach Erez Israel eingelassen zu werden. Freilich war ihre Zahl gering und das Risiko für die Flüchtlingsschiffe, im Kriegsgebiet zu operieren, wurde immer größer.

Am 3. August 1944 verließen drei türkische Boote, die Motorsegler »Morina«, »Bulbul« und »Mefkure«, unter der Flagge des Internationalen Roten Kreuzes Constanţa mit dem Ziel Palästina. Die Schiffe wurden von einem rumänischen Torpedoboot in internationale Gewässer begleitet. Als die »Mefkure« Maschinenschaden hatte, nahm sie das Torpedoboot in Schlepp, damit das Schiff während der Reparatur den Anschluss an die beiden anderen nicht verlor. Ab dem frühen Morgen des 4. August setzten die Flüchtlingsschiffe die Fahrt alleine fort. In der Nacht zum 5. August 1944 griff ein sowjetisches U-Boot mit Artillerie und Maschinenwaffen die »Mefkure« an, das Schiff geriet in Brand und versank eine halbe Stunde später. Auf der 53 Bruttoregistertonnen kleinen »Mefkure« hatten etwa 300 jüdische Flüchtlinge auf ein neues Leben in Palästina gehofft. Der Kapitän und vier Besatzungsmitglieder verließen das brennende Schiff mit dem einzigen Rettungsboot, 40 bis 60 Personen sprangen über Bord. Der »Bulbul« gelang es, fünf Passagiere und drei Seeleute der Besatzung zu retten, alle anderen sind ertrunken. Gerüchte und alliierte Propaganda gaben die Schuld der deutschen Kriegsmarine. Nachweislich operierten jedoch keine deutschen Seestreitkräfte in der Umgebung der »Mefkure«, und ebenso sicher ist es, dass ein sowjetisches U-Boot, abermals ohne erkennbares Motiv, den Motorsegler mit den jüdischen Auswanderern versenkt hat. Das Unglück der »Truma« und das der »Mefkure« stehen in keinem direkten Zusammenhang mit der Verfolgung der Juden, aber die Ertrunkenen sind deshalb doch Opfer des Holocaust.[9]

Eines der größten Unternehmen war der Flüchtlingstransport, der im August 1940 von Wien abging. Er erregte wegen seines spektakulären Endes auch das meiste Aufsehen. Im dritten Anlauf war es Berthold Storfer mit dem von ihm geleiteten »Ausschuß für jüdische Überseetransporte« – einer Agentur für illegale Auswanderung, die mit den Nationalsozialisten zusammenarbeitete[10] – gelungen, einen Transport mit 3500 jüdischen Flüchtlingen aus Österreich, Deutschland, Böhmen und Mähren zustande zu bringen. Es war die »Sonder-Hachschara 7«, die im August 1940 Wien verließ und in einer langen Irrfahrt einen Teil der Reisenden, zunächst auf Donauschiffen, dann mit den Dampfern »Pacific«, »Milos« und »Atlantic«, nach Palästina brachte. Die Reise endete für manche tödlich mit der Tragödie des britischen Schiffes »Patria« im Hafen von Haifa, für andere mit der Deportation auf die Insel Mauritius und für einige auch, nach 107-tägiger Schiffsreise und vorheriger Internierung in Bratislava, mit der Aufnahme am ersehnten Reiseziel. Die Fahrt begann im Sommer 1940 nach angstvoller und langer Wartezeit, ob sie überhaupt zustande kommen würde, in Wien. Sie drohte schon in Bratislava zu enden, wo die Teilnehmer in einer ehemaligen Munitionsfabrik, der »Patronka«, monatelang interniert wurden, bis die Modalitäten und Formalitäten des Weiterkommens geklärt waren. Eines der Schiffe, die sie zum Schwarzen Meer brachten, war der Donau-Ausflugsdampfer »Uranus«.

In Tulcea im Donaudelta stiegen die Flüchtlinge um auf drei seegängige Schiffe, »Atlantic«, »Pacific« und »Milos«, Seelenverkäufer, mit Bretterbuden auf Deck kläglich ausgerüstet, in der Überfüllung schwimmenden Konzentrationslagern ähnlich. Zu den Passagieren gehörte ein Ehepaar aus München. Dr. Alfred Heller, Druckereibesitzer und Verleger, trug sich seit 1937 mit dem Gedanken, in Palästina eine neue Existenz zu gründen.[11] Er war kein Zionist, ebenso wenig seine Frau, aber Tochter und Schwiegersohn gehörten seit 1935 als Teilnehmer der Jugend-Alijah aus Überzeugung zum Jischuw, der jüdischen Bevölkerung Palästinas. Dr. Heller war ein unternehmender und tatkräftiger Mann Anfang fünfzig, als er beschloss, Deutschland zu verlassen. Von Krankheit gezeichnet, erreichte er aber erst als Sechzigjähriger die neue Heimat. Im November 1938, in der Folge der »Reichskristallnacht«, war er ins KZ Dachau eingeliefert und dort drangsaliert worden, damit er Deutschland verlasse.

Die Bemühungen zur Emigration des Ehepaares Heller werden daraufhin intensiviert: Einwanderungszertifikate für Palästina sind längst beantragt, der Transfer des Vorzeigekapitals ist angemeldet. Mit zwei Jahren Wartezeit, erfährt Dr. Heller, ist zu rechnen, bis seine Anmeldenummer aufgerufen wird. Dr. Heller bittet Verwandte in der Schweiz, ihn und seine Frau für die Dauer der Wartezeit aufzunehmen. Es fällt ihm schwer, danach zu fragen, aber den Verwandten sind sie willkommen. Die Schweizer Behörden verlangen indes Beweise für die »ernste Weiterwanderungsabsicht« der Hellers, und diese sind in bürokratisch befriedigender Form nicht beizubringen. Dr. Heller schreibt nach Zypern, Griechenland und Italien Gesuche um Aufenthaltsgenehmigungen auf dem Weg nach Palästina. Inzwischen haben die Kinder in Haifa das Vorzeigekapital aufgebracht und die Einreisegenehmigung beantragt.

Dr. Heller betreibt nun die Auflösung von Geschäft und Wohnung und kümmert sich wie zehntausende deutsche Juden um die Ausreiseformalitäten bei der Polizei, beim Passamt, bei der Auswanderungsberatungsstelle, beim Finanzamt, der Vermögensverwertungsstelle, dem Devisenamt und der Devisenüberwachungsstelle, beim Zoll. Das Vermögen schwindet durch die Gebühren,

Abgaben, Steuern rasch dahin, »die Werte schmolzen wie Schnee an der Sonne. Was in Jahrzehnten aufgebaut und zusammengetragen, ging in Augenblicken verloren«.[12]

Für das Ehepaar Heller sinken die Chancen der Auswanderung. In Palästina sind inzwischen neue Bestimmungen in Kraft. Es muss wieder ein Ausweg, eine Zwischenlösung gesucht werden, Hilferufe gehen in die USA. Ein amerikanischer Verwandter überweist die von den britischen Behörden verlangte Garantiesumme für den Lebensunterhalt in London. Das Permit für den Zwischenaufenthalt in Großbritannien ist vielleicht schon unterwegs, als das britische Konsulat die Arbeit einstellt. Es ist September 1939. Der Zweite Weltkrieg hat begonnen.

Im Spätherbst des Jahres 1939 findet sich – zufällig hat Dr. Heller davon erfahren – eine Gelegenheit zur Ausreise, und Mitte Dezember verlassen Hellers München, um auf die abenteuerlichste Weise den illegalen Weg nach Palästina zu suchen. Die Schweizer Verwandten haben für sie zwei Plätze gebucht für die »Sonder-Hachscharah 7«, die über Wien und Pressburg auf Donauschiffen bis zum Schwarzen Meer und von dort aus entlang der türkischen Küste durch die griechische Inselwelt über Kreta nach Erez Israel führen soll. Dass die *Auswanderung* aus Deutschland legal war, konnte den Reisenden leicht bestätigt werden, für die *Einwanderung* nach Palästina war Kommerzialrat Storfer, der den Transport organisierte, nicht zuständig.

Schon die erste Station, Pressburg/Bratislava, die kurz vor Weihnachen 1939 erreicht wird, erweist sich als Alptraum. Weil die Donau zugefroren ist, weil die Veranstalter finanzielle Probleme haben, wegen der politischen Lage (welche Flagge können die Schiffe führen?) müssen die jüdischen Auswanderer neun Monate in Lagern, bewacht von der Hlinka-Garde, der slowakischen SS, ausharren. Am 4. September 1940 legt die Flüchtlingsflotille endlich ab, vier gefährlich überladene Schiffe mit Juden aus Deutschland, Österreich, dem »Protektorat Böhmen und Mähren«. Hellers sind an Bord der »Uranus«.

Eine Zahnärztin aus Berlin, die ebenfalls auf der »Uranus« gefahren war, schildert die Einschiffung auf der »Pacific« in der Donaumündung zur Weiterreise durch das Schwarze Meer: »Wir waren auf alles gefaßt. Als ich die ›Pacific‹, ein früheres Viehtransportschiff, vor der Einschiffung besichtigte, war ich so entsetzt, daß ich in Ohnmacht fiel. Das ›Hochseeschiff‹ besaß weder einen Kompaß noch war eine Mannschaft vorhanden. Der Kapitän war zunächst auch noch nicht vorhanden. Es gab kein Licht, und zur Unterbringung der Menschen fanden wir kleine Viehställe. Nur eine einzige Lampe erhellte die Scenerie. Unser Transportleiter, ein ehemaliger Berliner, erklärte: ›Das Bürgerliche hört auf, jetzt beginnt die eigentliche Alijah. Wie lange die Reise dauert, ist ungewiß. Es kann Wochen und Monate dauern.‹ Als Lebensmittel dienten uns in erster Linie verschimmelter Zwieback, als Notreserve besaßen wir noch eigene Konserven. Das Schiff faßte höchstens 200 bis 300 Personen, wir aber waren fast 1200 Menschen (unterwegs hatten sich in Jugoslawien, wo man uns die Pässe entzogen hatte, noch Auswanderer eingeschlichen).«[13]

Schwierigkeiten mit den rumänischen Behörden, der griechischen Reederei, Mangel an Verpflegung und Kohlen verzögern die Weiterreise. Man wartet auf ein viertes Schiff, die »Rosita«, auf die unsägliche Mannschaft. Nach wochenlangem Aufenthalt werden am 7. Oktober 1940 die Anker gelichtet zur Weiterreise durch das Schwarze Meer unter der Flagge Panamas. In Istanbul helfen die ortsansässigen Juden, finanzieren Hafengebühren, liefern Proviant. Genügend Kohlen sind aber nicht aufzutreiben. Die Weiterfahrt entlang der türkischen Küste dient vor allem der Suche nach Brennstoff, vergeblich in Mytilene, Lesbos, Samos. Schließlich wird in Kreta nach vielem Hin und Her minderwertiges Heizmaterial erworben. Am 7. November geht es weiter. Die Ägäis ist inzwischen Kriegsgebiet. Der Kapitän der »Atlantic« hat Angst, versucht zu fliehen, will die jüdischen Flüchtlinge sich selbst überlassen. Längst haben sie begonnen, die armselige Schiffsmannschaft selbst nach Kräften zu ersetzen. Aber das Schiff macht kaum noch Fahrt, der

Dampfdruck ist wegen der miserablen Kohle zu gering. Die Reisenden verfeuern alles, was aus Holz ist auf dem Schiff, kriechen so mit letzter Kraft ohne Proviant und Wasser nach Zypern. Für viel Geld und ihre letzten Wertsachen gibt es neue Vorräte. Anfang Dezember 1940 erreichen die »Pacific« und die »Milos« die Küste Israels, die »Atlantic« braucht etwas länger.

Die britische Mandatsregierung verweigert den Flüchtlingen aus Hitlerdeutschland und dem »Protektorat Böhmen und Mähren« die Erlaubnis, an Land zu gehen. Die unerwünschten Juden sollen auf einem britischen Schiff, dem Dampfer »Patria«, in eine entfernte britische Kolonie deportiert werden. Bis die »Patria« für den Transport der 3500 Personen, an denen ein Exempel statuiert werden soll, hergerichtet ist, bleiben sie an Bord der drei Schiffe, mit denen sie gekommen sind. Viele der Chaluzim, der jungen zionistischen Pioniere, versuchen, das ersehnte Land schwimmend zu erreichen und springen über Bord. Sie werden aufgefischt und interniert. Den älteren Maapilim, wie die illegalen Einwanderer genannt werden, ist auch dieser Versuch, das Schicksal selbst in die Hand zu nehmen, nicht möglich.

Chanan Benhar, der noch unter seinem deutschen Namen Hans Freiberg die Reise angetreten hatte, gehörte zu der Minderheit, die schließlich das Ziel erreichte. Er überliefert in seinen Erinnerungen ein Dokument über die Stimmung und das Selbstbewusstsein der Einwanderungswilligen, die im Hafen von Haifa auf ihre Deportation mit der »Patria« in eine britische Kolonie warten sollten. Benhar hatte sich die von der zionistischen Reiseleitung plakatierte Mitteilung abgeschrieben:

»An die Maapilim auf dem Dampfer Patria!

Wir erhalten Kenntnis von einer offiziellen Bekanntmachung, die in der Ausgabe der Palestine Post vom 21. 11. 1940 sowie im palästinensischen Rundfunk veröffentlicht worden ist. Die Bekanntmachung hat folgenden Wortlaut: Anfang dieses Monats wurden zwei Dampfer, welche zusammen 1771 jüdische Passagiere mit sich führten, an der palästinensischen Küste von Polizei-Patrouille-Booten abgefangen und in den Hafen von Haifa eingebracht. Es kann kein Zweifel bestehen, dass diese Personen als illegale Einwanderer bezeichnet werden müssen, d. h. daß es Leute sind, welche bestrebt sind, gegen das wohlbekannte gesetzliche Verbot nach Palästina einzureisen. S. M. Regierung hat Sympathien für die Flüchtlinge aus den von Deutschland kontrollierten Gebieten, sie ist aber verantwortlich für die Verwaltung von Palästina und muß darauf sehen, daß die Gesetze des Landes nicht offen gebrochen werden. Vielmehr kann sie die Wiederaufnahme der jüdischen illegalen Einwanderer bei der jetzigen lokalen Situation nur als sehr unerwünscht betrachten, da eine solche eine ernste Bedrohung der englischen Interessen im Mittelosten bedeutet. Sie hat deshalb beschlossen, daß die Passagiere der Schiffe ›Pacific‹ und ›Milos‹ nicht die Erlaubnis erhalten, an Land zu gehen, sondern daß sie in eine britische Kolonie deportiert werden, sobald sie sicher dorthin transportiert werden können und die notwendigen baulichen Vorbereitungen getroffen sind. Dort sollen sie während der Dauer des Krieges festgehalten werden.

Ihr weiteres Schicksal wird der Gegenstand von Besprechungen zu Ende des Krieges sein, aber es wurde nicht vorgeschlagen, daß sie in der Kolonie, in welche sie geschickt werden, bleiben, oder daß sie nach Palästina kommen sollen. Ähnliche Maßnahmen werden getroffen werden im Falle der Ankunft weiterer Transporte, deren Absicht es wäre, illegal einzureisen.

An diese Verlautbarung knüpfen wir folgende Bemerkungen:

1. Unsere Transportdampfer, ›Pacific‹ und ›Milos‹, sind nicht von Polizeibooten ›abgefangen‹ worden, sondern sind freiwillig und offen am lichten Tage in die Bucht von Haifa eingefahren, in der Absicht, sich in den Schutz der Palästina-Regierung und des jüdischen Jischuw von Erez Jisrael zu begeben.
2. Wir sind als Flüchtlinge von unseren Wohnsitzen vertrieben und konnten nirgendwo landen, ohne ein gesetzliches Einreiseverbot zu übertreten. Während aber überall außer den Gesetzen auch

die Bevölkerung unserer Einreise entgegen gesonnen ist, nimmt uns die jüdische Bevölkerung des Nationalheims mit offenen Armen auf. Das ist einer der vielen Gründe, weshalb wir uns nach Palästina gewandt haben.

3. Es ist uns keine ausreichende Gelegenheit gegeben worden, Erklärungen über die Zusammensetzung unserer Transporte und die Gründe abzugeben, die gegen die Befürchtung einer Wiederaufnahme der »illegalen jüdischen Einwanderung« sprechen.
4. Wir erklären, daß sich unter uns kein Feind Englands und erst recht nicht Palästinas befindet. Wir sind als Freunde Englands und als Feinde Deutschlands gekommen und verstehen deshalb nicht, wieso unser Kommen eine ernste Bedrohung der englischen Interessen im Mittelosten bedeuten soll.
5. 80 Prozent unserer Maapilim haben nahe und nächste Verwandte in Palästina, dagegen keine Verwandte in einer britischen Kolonie. Viele hunderte von uns haben sich jahrelang durch Umstellung ihres ganzen Lebens auf Erez Jisrael vorbereitet, nicht aber auf eine britische Kolonie. Im Namen aller dieser Eltern, Kinder und Ehegatten von Palästinensern und im Namen von mehreren hundert ausgewählter Chaluzim erklären wir, daß es eine größere Härte ist, Juden von Erez Jisrael zu deportieren, als sie aus Deutschland, einem ihnen fremd gewordenen Lande, zu vertreiben.
6. Wir geben die Hoffnung nicht auf, daß es den Bemühungen unserer Brüder in Erez Jisrael, England und USA doch noch gelingen wird, bei S. M. Regierung eine Aufhebung der schrecklichen Geserah[14], die über uns verhängt wurde, durchzusetzen.
   An Bord der ›Patria‹, 21. 11. 40«[15]

Für den 25. November (die Einschiffung der unfreiwilligen Passagiere auf der »Patria« ist bereits im Gange) ist eine Protestdemonstration auf dem Hauptdeck der »Patria« anberaumt. Dabei sollen möglichst viele Chaluzim gleichzeitig ins Wasser springen. Es ist neun Uhr morgens, als eine Detonation das Schiff erschüttert, das schnell zu sinken beginnt. Mit dem Bombenanschlag hatte die Haganah den Engländern ein Zeichen setzen wollen, offenbar war jedoch die Sprengkraft falsch berechnet, der angerichtete Schaden größer als geplant. 251 Menschenleben kostete, trotz aller Rettungsbemühungen, der Anschlag.[16]

Die Briten zeigten sich gegenüber den Geretteten der »Patria« gnädig, sie durften an Land und in Palästina bleiben. Unter ihnen Chanan Benhar, dessen illegale Einwanderung damit erfolgreich war. Nicht unter den Glücklichen waren alle, darunter sämtliche Passagiere der »Atlantic«, die noch nicht umgeschifft worden waren. Zu ihnen gehörten auch Alfred und Friedl Heller, die im Internierungslager Atlith bei Haifa auf die Passage nach Mauritius warteten und mit 1500 Leidensgenossen im Dezember 1940 auf die Tropeninsel deportiert wurden. Der Zwangsaufenthalt dauert vier Jahre und siebeneinhalb Monate. Nach Geschlechtern getrennt, denn die Engländer wollen nicht auch noch für dort geborene Kleinkinder verantwortlich sein, bei unzureichender und ungewohnter Ernährung, in unzuträglichem Klima, Opfer von Malaria, warten die Maapilim auf das Ende des Krieges in der Hoffnung, dann endlich nach Palästina zu dürfen.

Am 26. August 1945, mehr als sechs Jahre nach dem Aufbruch in München, darf Alfred Heller den Boden von Erez Israel betreten. Seine Frau wird todkrank an Land getragen, sie stirbt Tage später.

Kein Entrinnen vor dem Holocaust gab es für mehr als 1000 Flüchtlinge, die Ende November 1939 mit einem anderen Transport in Wien nach Erez Israel aufgebrochen waren. Sie stammten überwiegend aus Österreich, 130 waren aus Berlin, 50 aus Danzig dazugekommen. In Bratislava warteten sie auf die endgültige Abreise, untergebracht wie andere Flüchtlinge vor ihnen in der ehemaligen Munitionsfabrik »Patronka« oder im aufgelassenen Junggesellenheim »Slobodarna«, verpflegt von der jüdischen Gemeinde Pressburg, bewacht von der faschistisch-slowakischen Hlinka-Garde. Die »Uranus«, die der renommierten Donau-Dampfschifffahrts-Gesellschaft gehörte, legte Anfang Dezember in Bratislava ab, wurde aber an der ungarisch-jugoslawischen Grenze angehalten und zurückgeschickt. Am 13. Dezember fuhr der Flussdampfer zum zweiten Mal ab. Da aber kein Hochseeschiff an der Donaumündung zur Weiterreise bereitlag, verweigerte jetzt die Reederei den Transport. Bei Budapest, mitten im Fluss, wurden die Flüchtlinge auf drei kleinere jugoslawische Schiffe umgesetzt, die »Car Nicola«, die »Car Dushan« und die »Kraljica Marija«. Die Reise, für die deutschen Teilnehmer war es die »Sonder-Hachscharah 6«, war vom Mossad organisiert. Der Mossad war eine Abteilung der Haganah, Mossad-Agenten wie Moshe Agami in Genf oder Pino in Berlin bemühten sich um die Organisation illegaler Einwanderungstransporte nach Palästina, Ruth Klüger (Klieger, später Ruth Aliaf) in Bukarest, Georg Überall (Ehud Avriel) in Wien – er war zugleich Generalsekretär der österreichischen Hechalutz – kümmerten sich um Visa und Transportschiffe.

Adolf Eichmann, damals Chef der »Zentralstelle für jüdische Auswanderung« in Wien[17], hatte Georg Überall einbestellt und Druck ausgeübt. Die Zionisten sollten nicht nur siedlungsfähige und durch Hachscharah vorbereitete junge Juden nach Palästina schleusen, sondern ohne Rücksicht auf Alter und Gesundheit auch wohlhabende Juden zur Auswanderung veranlassen. Eichmann hatte außerdem die Zusammenarbeit der Zionisten mit Berthold Storfers »Ausschuß für jüdische Überseetransporte« verlangt. Storfer galt den Zionisten aber als Nazikollaborateur, mit dem sie nicht gern zusammenarbeiten wollten.

Die Flucht der Juden auf den drei jugoslawischen Donauschiffen stand von Anfang an unter keinem guten Stern. Die organisatorischen Probleme des Transportes begannen schon im Vorfeld. Zwar konnte Georg Überall 800 slowakische Visa bekommen, aber ein hochseetüchtiges Schiff fand der Mossad trotz aller Anstrengungen seiner Agenten nicht. Bald nach der Umschiffung auf der Donau von der »Uranus« auf die drei jugoslawischen Boote wurde der Transport in Prachovo an der rumänischen Grenze angehalten. Rumänien verweigerte die Durchfahrt. Die Donau führte Eis, die

Schiffe mussten wieder zurückfahren bis Kladovo, einem Dorf am rechten Donauufer, kurz vor dem Eisernen Tor. Hier wurden im Winterhafen am 31. Dezember 1939 die drei Boote zum Überwintern festgemacht.

Vor Ort war jetzt der Generalsekretär des »Verbandes der jüdischen Kultusgemeinden des Königreichs Jugoslawien«, Simche Spitzer, für die gestrandeten Flüchtlinge zuständig: Er hatte sich der jugoslawischen Regierung gegenüber verpflichten müssen, für Unterhalt und Verpflegung der Zionisten aufzukommen. Die Kosten waren enorm, die Leiden der Festgesetzten waren wegen der beengten Verhältnisse und der Kälte nur schwer erträglich. Unter den Kindern war der elfjährige Karl (später Chaim) Schatzker aus Wien. Er erinnert sich: »Das Schiff hatte oben zwei symmetrisch angeordnete Kabinen, Glasbuden. Die Temperatur dort betrug minus 20 Grad, wenn nicht weniger. Wir Kinder waren so beengt in unserer Bewegungsfreiheit, daß wir stundenlang in dieser Kälte oben in den Kabinen saßen, weil es der einzige Ort auf dem ganzen Schiff war, wo wir spielen konnten, ohne an jeder Ecke an einen Erwachsenen zu stoßen.«[18]

Nach vier Monaten, Ende April 1940, wurden die Juden umquartiert, ein Teil lebte jetzt an Land, ein anderer Teil fand Unterkunft auf dem griechischen Schleppkahn »Penelope«, der die drei jugoslawischen Schiffe ersetzte, deren Charter zu teuer geworden war. Gerüchte stärkten die Hoffnung, der Schleppkahn werde zur Donaumündung befördert, wo ein Hochseeschiff auf die Flüchtlinge warte. Der dazu notwendige Schlepper erschien jedoch nie. Im Herbst 1940 endete der Aufenthalt in Kladovo. Aber es ging nicht Richtung Palästina, sondern weiter die Donau aufwärts nach Belgrad. Die jugoslawische Regierung hatte der Gruppe, die in Kladovo durch polnische Auswanderer und andere Internierte auf 1200 Menschen angewachsen war, einen neuen Aufenthaltsort zugewiesen, das serbische Dorf Šabac an der Save.

Während viele der Gestrandeten die Hoffnung auf die weitere Reise nach Palästina aufgaben, kämpften Mossad-Agenten und

Simche Spitzer um Schiffsraum, Geld, Durchfahrtgenehmigungen. Sie kämpften ohne Glück, und einige der Verantwortlichen verloren auch das eigentliche Ziel, die Rettung des Kladovo-Transports, gelegentlich aus den Augen. Im Mai 1940 hatten in der Schweiz Vertreter des American Joint Distribution Committee, der Jewish Agency, des Mossad konferiert, es ging vor allem um Geld für den Erwerb eines Schiffes. Zu den äußeren Schwierigkeiten wie dem raren Schiffsraum und dem hohen Risiko für die Reeder, ihn für die Alija Beth zur Verfügung zu stellen, den exorbitanten Forderungen der Schiffseigner und von Betrügern, in deren Taschen Hilfsgelder verschwanden, kamen Ratlosigkeit, Zögern und falsche Entscheidungen auf der Seite des Mossad. Dessen Prestige war durch das Scheitern des Kladovo-Transports bereits arg angeschlagen.

Wegen Unstimmigkeiten zwischen Mossad und Haganah über künftige Operationen ging wertvolle Zeit verloren: Im Juni 1940 hatte der Mossad die illegale Einwanderung nach Palästina gestoppt, weil die Zusammenarbeit mit den Briten zur Diskussion stand. Die Haganah setzte auf Sabotageaktionen gegen deutsche Interessen an der Seite der Briten. Für die Leute in Kladovo stand dabei alles auf dem Spiel, es ging nämlich darum, ob das für ihre Rettung in Athen gekaufte Schiff »Darien II« zum Transport der Flüchtlinge oder zu einer Sabotageaktion (um die Deutschen vom rumänischen Öl abzuschneiden) verwendet werden würde. Solche Projekte und Unfähigkeit, schließlich die politische Lage machten auch die für Anfang Dezember 1940 geplante Abreise der Kladovo-Flüchtlinge aus Šabac zunichte.

Zeitgleich zum Unglück der »Patria« und der Deportation vieler jüdischer Flüchtlinge nach Mauritius vollendete sich die Tragödie der Kladovo-Flüchtlinge: Während in Prachovo ein Donauschlepper vom 16. bis zum 19. Dezember 1940 auf die Passagiere wartete, für die Simche Spitzer einen Eisenbahnsonderzug von Šabac nach Prachovo bestellt hatte, zerschlugen sich die Hoffnungen an finanziellen und politischen Problemen sowie dem Versagen der Organisatoren. In Sulina in der Donaumündung lag bis zum 29. Dezember die »Darien II«, um die Kladovo-Gruppe nach Palästina zu bringen. Aber so weit kam sie nie.

Deren Tragödie hatte viele Gründe. Die immer kompliziertere politische Situation, Eisgang auf der Donau, die Geschäftstüchtigkeit rumänischer, jugoslawischer, griechischer Reedereien, Hilflosigkeit, Schlamperei und Unvermögen bei der Mossad-Zentrale in Tel Aviv, Fehleinschätzung der Lage durch jüdische Funktionäre in Jugoslawien kamen zusammen. Im Februar 1941, als kaum noch Hoffnung in Šabac herrschte, erhielten etwa 200 Jugendliche des Kladovo-Transports (unter ihnen Chaim Schatzker, der Professor für Erziehungswissenschaft in Haifa wurde) zwischen 15 und 17 Jahren Zertifikate für die Jugend-Alija, sie durften ab 16. März in Gruppen auf dem Landweg legal nach Palästina reisen.

Am 6. April 1941 wurde durch den deutschen Überfall Jugoslawien Kriegsschauplatz. Šabac war mit der Zerschlagung Jugoslawiens zur Grenzstadt zwischen dem von Deutschland besetzten Serbien und dem »Unabhängigen Staat Kroatien« mit seiner von Berlin abhängigen faschistischen Marionettenregierung geworden. Das neue Reglement für Juden im serbischen Okkupationsgebiet galt auch für die Kladovo-Gruppe. Am 20. Juli 1941 wurde sie in Baracken interniert, die mit Stacheldraht umzäunt waren. Mit dem Widerstand der serbischen Partisanen gegen die deutsche Besatzung wurde Šabac Kriegsgebiet. Am 23. September rückten Einheiten der Wehrmacht ein und nahmen alle Männer und männlichen Jugendlichen des Ortes – 4459 Zivilisten – gefangen. Sie sollten in ein KZ auf kroatischem Gebiet kommen. Die 400 Männer der Kladovo-Gruppe befanden sich unter ihnen, und sie wurden wenig später Opfer eines Massakers, das General Franz Böhme am 12. und 13. Oktober im Namen der Deutschen Wehrmacht als Repressalie im Partisanenkrieg anordnete.[19]

Serbien war einer der frühesten Schauplätze des Holocaust geworden. Im Dezember 1941 hatten die Deutsche Wehrmacht und der Sicherheitsdienst (SD) der SS als »Geiseln« bereits 20 000 bis 30 000 Juden, Roma und Serben ermordet. Über die »Lösung der

Judenfrage« konferierten im besetzten Belgrad Vertreter deutscher Dienststellen. In einem Außenbezirk Belgrads, direkt an der Save, auf einem früheren Messegelände, wurde das KZ Sajmište (Semlin) errichtet. Es war die letzte Station der Frauen und Kinder der Kladovo-Gruppe. In der Zeit März bis Anfang Mai 1942 wurden sie alle ermordet. Das geschah auf einem neuartigen Weg, der im Herbst 1941 erprobt und seit Dezember 1941 in Lettland, Polen und der Ukraine von den »Einsatzgruppen der Sicherheitspolizei und des SD«, mobilen Mordkommandos der SS, angewendet wurde: Mit »Gaswagen«, umgebauten LKW, in deren hermetisch abgedichtete Laderäume die Auspuffgase geleitet wurden. Ein solches Fahrzeug wurde im Frühjahr 1942 in Sajmište eingesetzt. Die getäuschten Opfer – jeweils 50 bis 80 Personen – bestiegen das Fahrzeug, das nach etwa 15 km Fahrt quer durch Belgrad am Massengrab in Avala ankam, wo Häftlingskommandos die auf dem Weg Getöteten ausluden und begruben. Dies war auch das Ende des Kladovo-Transports, mit dem im Herbst 1939 Juden aus Deutschland und Österreich versucht hatten, illegal nach Palästina zu entkommen.

Mit dem Zusammenbruch nationalsozialistischer Herrschaft endete die Verfolgung der Juden, aber ihre Befreiung aus den Konzentrations- und Vernichtungslagern, das Auftauchen der Versteckten aus dem Untergrund änderte noch nichts an der Einstellung, dem Verhalten und am Verständnis der Nichtjuden.

Ein Leben nach dem Holocaust in Deutschland oder in den Territorien der Verfolgung war für die Mehrheit der Opfer nationalsozialistischer Rassen- und Vernichtungspolitik nicht denkbar, vor neuem Antisemitismus in Polen und anderen Ländern Ostmitteleuropas boten nur die zionistische Alternative oder die Auswanderung nach Übersee Auswege. Die Juden waren »Displaced Persons« geworden, die in Lagern auf eine Chance für eine neue Heimat hofften.[20] Für Palästina bedeutete dies aber weiterhin illegale Einwanderung mit Hilfe der Brichah (»Flucht«), jener legendären jüdischen Organisation, die Transitwege aus Ostmitteleuropa über Deutschland und Österreich auskundschaftete, Transporte über Land und dann Schiffe organisierte, mit denen der »Rest der Geretteten« nach Palästina gelangen sollte.[21]

In der US-Zone des besetzten Deutschlands waren die DP-Lager Zwischenstationen nicht nur für Auswanderungswillige in die USA. In Österreich waren Salzburg und Tirol Stationen abenteuerlicher Auswanderung, die über Alpenpässe nach Italien und von dort aus nach Palästina ging.[22] Mindestens 65 illegale Schiffe versuchten bis zur Staatsgründung Israels jüdische Überlebende des Holocaust in das Land ihrer Hoffnung zu bringen, gegen die Restriktionen der Briten, die bis 1948 andauerten. Immerhin waren die Fluchtwege in Europa ab Frühjahr 1945 für Juden gangbarer geworden.

Symbol des jüdischen Willens zur Einwanderung und britischer Abwehr wurde die Fahrt des Schiffes »Exodus«, das am 10. Juli 1947 mit 4515 Menschen an Bord von Marseille aus Kurs auf Erez Israel nahm.[23] Das Schiff war von der Haganah in den USA gekauft worden. Ursprünglich hatte der Dampfer »President Warfield« Vergnügungsreisende zwischen Norfolk und Baltimore gefahren, aus dem Luxusschiff war im Krieg ein Truppentransporter geworden, dann wurde das Schiff in der Chesapeake Bay aufgelegt und stand zum Verkauf. Den Namen »Exodus« führte das Schiff nur wenige Tage, auf seinem Weg nach Israel, der von britischen Agenten und der britischen Marine beschattet wurde. Am späten Abend des 17. Juli 1947 wurde die »Exodus« auf hoher See, kurz vor ihrem Ziel Tel Aviv, von britischen Kriegsschiffen aufgebracht.

Die Briten sprachen von einem Hoheitsakt, tatsächlich war es Piraterie. Die Enterkommandos stießen auf erheblichen jüdischen Widerstand. Der Kampf endete mit drei Toten und 28 Schwerverletzten. Die schwer beschädigte »Exodus« (sie war von zwei Zerstörern in die Mitte genommen und fast zerquetscht worden) wurde nach Haifa geschleppt. Unter beträchtlicher Gewaltanwendung wurden die Passagiere auf drei britische Truppentransporter umgesetzt, die am folgenden Tag ausliefen und, da die Internierungslager in Zypern überfüllt waren, die jüdischen Flüchtlinge nach Frankreich bringen sollten. Die Juden weigerten sich dort aber, an Land zu gehen. Nach drei Wochen nahmen die Schiffe dann Kurs auf Hamburg. Die Ausschiffung am 8. September 1947 wurde, nach vielen Protestdemonstrationen in DP-Lagern auf deutschem Boden, eine moralische Niederlage der Briten, da die öffentliche Meinung das Schicksal der Juden endlich zur Kenntnis genommen hatte und sich gegen Großbritannien engagierte.

Das Schicksal der illegalen jüdischen Einwanderer in Palästina hat erst spät die Weltöffentlichkeit berührt, in den literarischen Spiegelungen, die die Fahrt der »Exodus« erfuhr, hat die Alijah Beth ihr Denkmal gefunden, freilich in heroisierten und trivialisierten Formen, die der Realität nur sehr annähernd entsprachen.[24]

Der Begriff Emigration war für die Juden aus Deutschland und Mitteleuropa, die zwischen 1933 und 1948 eine neue Heimat in Palästina suchten, ebenso wie der Terminus »Exil« keine zutreffende Beschreibung ihrer Situation. Als Flüchtlinge und Vertriebene stand ihnen nur ein Weg offen, für Palästina lautete die Umschreibung dafür »Aufstieg«. Das hieß freilich auch, dass ideologische Bindungen und dass zionistische Gesinnung mindestens stillschweigende Voraussetzung waren. Die Mehrheit der deutschen Juden war freilich allenfalls aus Not zionistisch eingestellt, was in dem geflügelten Wort unter Einwanderern »Kommen Sie aus Überzeugung oder aus Deutschland?« zum Ausdruck kam und auch Bestandteil der sozialen Situation der »Jeckes« in Israel wurde. Man wird trotzdem weniger von Traumatisierung durch die Umstände des illegalen Heimatgewinns sprechen als vom Gewinn jüdischer Identität durch die Alijah, den »Aufstieg« nach Israel, der freilich zunächst im günstigen Fall die Rettung des nackten Lebens bedeutete und Folge einer Vertreibung war.

Anmerkungen

[1] Menachem Lieber, Lebensbericht eines Kibbutzniks, S. 65. Manuskript im Zentrum für Antisemitismusforschung TU Berlin.

[2] Wolfgang Benz, Schwierige Wege nach Israel, in: ders., Flucht aus Deutschland. Zum Exil im 20. Jahrhundert, S. 120–150.

[3] Eine frühe Darstellung der Alija Beth aus zionistischer Perspektive mit eindeutigen Urteilen hat mit ihren Verzeichnungen lange das Bild der illegalen Palästina-Einwanderung mit unbedingter Parteinahme für den Mossad geprägt: Jon and David Kimche, The secret roads – the »illegal« migration of a people 1938–1948, London 1954; deutsch unter dem Titel: Des Zornes und des Herzens wegen. Die illegale Wanderung eines Volkes, Berlin 1956.

[4] Vgl. Wolfgang Benz, Mitglieder der Häftlingsgesellschaft auf Zeit. Die »Aktionsjuden« 1938/39, in: Dachauer Hefte 21 (2005), S. 179–196.

[5] Christopher Sykes, Kreuzwege nach Israel. Die Vorgeschichte des jüdischen Staates, München 1967, S. 215 f.

[6] Michael Meyer, Eine Wanderung nach Erez Israel im Jahre 1940, Manuskript, Wiener Library P II f. Nr. 214, S. 18.

[7] Jürgen Rohwer, Die Versenkung der jüdischen Flüchtlingstransporter Struma und Mefkure im Schwarzen Meer (Februar 1942, August 1944), Frankfurt a. M. 1965, S. 31 f.

[8] Ebenda; Kimche, Secret roads, S. 53 f.

[9] Ebenda, S. 58 ff.

[10] Berthold Storfer, 1880 in Czernowitz geboren, erfolgreicher Geschäftsmann und Finanzexperte, war im Ersten Weltkrieg Kriegswirtschaftsrat gewesen, dann Bankier und Unternehmer, 1928 war er mit dem Titel Kommerzialrat ausgezeichnet worden. Er war weder Zionist noch Mitglied einer jüdischen Gemeinde. Im April 1938 hatte er mit prominenten Juden zusammen ein »Hilfskomitee zur Förderung der jüdischen Auswanderung« gegründet. Er nahm mit Genehmigung der NS-Behörden an der Konferenz in Evian teil und stand mit Adolf Eichmann in Verbindung, dessen »Zentralstelle für jüdische Auswanderung« in Wien ab August 1938 Druck zur Emigration ausübte. Storfer hat offensichtlich keine persönlichen Vorteile aus seinen Kontakten zu den Nationalsozialisten erlangt. Im September 1942 konnte er sich der Deportation nach Theresienstadt durch Untertauchen entziehen, am 7. September 1943 wurde er jedoch verhaftet und in Auschwitz ermordet. Vgl. Gabriele Anderl, Berthold Storfer: Retter oder Kollaborateur? – Skizzen einer umstrittenen Persönlichkeit, in: David. Jüdische Kulturzeitschrift 9 (1997), Nr. 35, S. 15–18 und 23–30.

[11] Alfred Heller, Dr. Seligmanns Auswanderung. Der schwierige Weg nach Israel, hrsg. von Wolfgang Benz, München 1990.

[12] Ebenda, S. 19.

[13] Emma Israel, I was on the Patria, Interview in deutscher Sprache 26. 9. 1959, Wiener Library P II f Nr. 1192. Ein anderer Passagier beschreibt das Schiff genauer: »Die ›Pacific‹ war ein Frachtschiff von 700 Tonnen, das normalerweise außer für Frachten für Aufnahme von etwa 50 Menschen bestimmt war. Als wir auf das Schiff kamen, waren wir entsetzt bei dem Gedanken, daß wir 1200 der ›Uranus‹ darauf Platz finden sollten. Keine Beschreibung kann ein Bild davon geben, wie schließlich doch jeder auf engstem Raume eine Schlafstelle hatte. Das Dichterwort von der ›drangvoll fürchterlichen Enge‹ wurde hier Wahrheit. Soweit Raum vorhanden war, wurden Pritschen aus Holz hergerichtet, die zweifach oder dreifach übereinander lagen, und zwar so dicht, daß man sich nur in waagerechter oder kniender Haltung bewegen konnte.« Michael Meyer, Eine Wanderung nach Erez Israel im Jahre 1940, Manuskript, Wiener Library P II f Nr. 214, S. 19.

[14] Hebräisch, judenfeindlicher Beschluss, auch: Verhängnis.

[15] Chanan Benhar (Hans Freiberg), 107 Tage mit der SH-7, Manuskript im Zentrum für Antisemitismusforschung, TU Berlin.

[16] Neben zahlreichen Erinnerungsberichten zum Untergang der »Patria« vgl. auch Arthur Koestler, Promise and Fulfilment, London 1949.

[17] Gabriele Anderl, Die »Zentralstellen für jüdische Auswanderung« in Wien, Berlin und Prag – ein Vergleich, in: Tel Aviver Jahrbuch für deutsche Geschichte 23 (1994), S. 275–299; Jonny Moser, Die Zentralstelle für jüdische Auswanderung in Wien, in: Kurt Schmid/Robert Streibel (Hrsg.), Der Pogrom 1938. Judenverfolgung in Österreich und Deutschland, Wien 1990, S. 96–100.

[18] Gabriele Anderl/Walter Manoschek, Der jüdische »Kladovo-Transport« auf dem Weg nach Palästina 1939–1942, Wien 1993, S. 58.

[19] Vgl. Walter Manoschek, »Serbien ist judenfrei«. Militärische Besatzungspolitik und Judenvernichtung in Serbien 1941/42, München 1993.

[20] Angelika Königseder/Juliane Wetzel, Lebensmut im Wartesaal. Die jüdischen DPs (Displaced Persons) im Nachkriegsdeutschland, Frankfurt a. M. 1994; Angelika Königseder, Flucht nach Berlin. Jüdische Displaced Persons 1945–1948, Berlin 1998.

[21] Yehuda Bauer, Flight and Rescue: Brichah, New York 1970.

[22] Thomas Albrich (Hrsg.), Flucht nach Eretz Israel. Die Brichah und der jüdische Exodus durch Österreich nach 1945, Innsbruck, Wien 1998; s. a. ders., Zwischenstation im Dreiländereck. Jüdische DPs und Flüchtlinge nach 1945 in

Hohenems und Bregenz, in: Esther Habler (Hrsg.), Displaced Persons. Jüdische Flüchtlinge nach 1945 in Hohenems und Bregenz, Innsbruck 1998.

[23] Günther Schwarberg, Die letzte Fahrt der Exodus. Das Schiff, das nicht ankommen sollte, Göttingen 1988; David C. Holly, Exodus 1947, Boston 1969.

[24] In vielen Auflagen verbreitet, auch verfilmt: Leon Uris, Exodus, Garden City/New York 1958, deutsch München 1959.

Ethnisierung – Vertreibung – Völkermord
Die Wiederkehr des Schreckens am Ende des 20. Jahrhunderts

Im Oktober 1946 ging der Nürnberger Hauptkriegsverbrecher-Prozess zu Ende. Große Hoffnungen waren an dieses Tribunal geknüpft worden: Das erste Ziel war die Bestrafung der Verantwortlichen und die Sühne für die Anzettelung des Zweiten Weltkrieges, für den Völkermord an den Juden Europas, für Versklavung und Vernichtung osteuropäischer Völker, für den Genozid an Sinti und Roma, für die Annexion und Ausbeutung von Ländern und Ressourcen im Zeichen nationalsozialistischer Ideologie und für Delikte, deren Etikett »ethnische Säuberung« noch nicht erfunden war, obwohl sie bereits Tradition im 20. Jahrhundert hatten. Das Nürnberger Tribunal sollte aber auch neues Recht setzen. Das war das zweite Ziel. Im Namen der Gerechtigkeit und des internationalen Friedens sollte der Prozess den Beginn einer neuen Ära des Völkerrechts markieren und zu verwirklichen beginnen, wovon Pazifisten schon vor dem Ersten Weltkrieg geträumt hatten: eine Gerichtsbarkeit der gesitteten Völkerfamilie, die abschreckend, läuternd und verhindernd wirken würde.

Die Verbrechen der Nationalsozialisten, Staatsterror wie der des Hitler-Regimes, sollten sich niemals und nirgendwo wiederholen dürfen. Das war auch die Gründungsidee der Vereinten Nationen, die als Anti-Hitler-Koalition, als Kriegsbündnis entstanden und als Weltorganisation im Herbst 1945 feierlich gegründet worden waren. Die Fortentwicklung des Völkerrechts durch eine internationale Strafgerichtsbarkeit kam nach dem ersten Nürnberger Prozess – vordergründig wegen des Kalten Krieges – ins Stocken. Die politische Ächtung des Genozids war aber ein programmatisches Ziel der Vereinten Nationen. Bald nach den Nürnberger Urteilen, im Dezember 1946, fand sich die Mehrheit der Generalversammlung der UNO zu einer Resolution, die Völkermord als Verbrechen gemäß internationalem Recht brandmarkte. Genozid laufe dem Geist und den Zielen der Vereinten Nationen zuwider und werde von der zivilisierten Welt verurteilt.

Zwei Jahre später, am 9. Dezember 1948, wurde aus der Resolution die rechtlich verbindliche Konvention über die Verhütung und Bestrafung des Völkermords. Eine exakte und verbindliche Definition für Völkermord als Absicht, »eine nationale, ethnische, rassische oder religiöse Gruppe als solche ganz oder teilweise zu zerstören«, wurde festgeschrieben, und die einschlägigen Handlungen wurden genannt:

»a. Tötung von Mitgliedern der Gruppe;
b. Verursachung von schwerem körperlichem oder seelischem Schaden an Mitgliedern der Gruppe;
c. vorsätzliche Auferlegung von Lebensbedingungen für die Gruppe, die geeignet sind, ihre körperliche Zerstörung ganz oder teilweise herbeizuführen;
d. Verhängung von Maßnahmen, die auf die Geburtenverhinderung innerhalb der Gruppe gerichtet sind;
e. gewaltsame Überführung von Kindern der Gruppe in eine andere Gruppe.«

Als Konsequenz ergibt sich daraus die Androhung von Strafe für folgende Delikte:

»a. Völkermord,
b. Verschwörung zur Begehung von Völkermord,
c. unmittelbare und öffentliche Anreizung zur Begehung von Völkermord,
d. Versuch, Völkermord zu begehen,
e. Teilnahme am Völkermord.«

Zu bestrafen sind nach der Konvention alle Personen, gleichviel ob Regierungsmitglieder, Beamte oder private Individuen, und die Signatarstaaten des Paktes verpflichteten sich, die notwendigen legislativen und justiziellen Voraussetzungen zu schaffen, um der Konvention Geltung zu verschaffen. Das Dokument vom Dezember 1948, in Kraft seit 12. Januar 1951, gilt für alle Staaten und ist überall als innerstaatliches bindendes Recht anerkannt.[1]

Ein weiteres Abkommen, der internationale Pakt über bürgerliche und politische Rechte, durch Ratifizierung oder Beitritt seit März 1976 gültig in über 100 Nationen – darunter Jugoslawien bzw. dessen Nachfolgestaaten –, garantiert auch im Krieg oder bei erklärtem staatlichem Notstand das Recht auf Leben, auf Gerichtsbarkeit und verbietet Folter, willkürliche Verhaftung und kollektive Bestrafung. Der UNO-Menschenrechtsausschuss wacht über die Einhaltung solcher elementaren Menschenrechte.

Politische und rechtliche Konsequenzen aus den Gewaltkatastrophen der ersten Hälfte des 20. Jahrhunderts sind also gezogen worden, in die Form internationaler Abkommen und nationaler Gesetze gekleidet und durch zuständige Organisationen administrativ handhabbar gemacht worden. Für die Lebenswelt vieler Menschen blieb das freilich folgenlos. In ihren Alltag, auf dem indischen Subkontinent, in Palästina, in Kambodscha, im Kaukasus, in vielen Ländern Afrikas brachen Katastrophen ein in den Formen des Kolonialkrieges oder des Unabhängigkeitskampfes, mit Begleiterscheinungen wie Massaker, Plünderung, Verlust des sozialen Status und Folgen wie Flucht und Vertreibung, schließlich der Verelendung, ohne dass die Konventionen des Völkerrechts, die Resolutionen der Vereinten Nationen, die feierlich ratifizierten und signierten Pakte daran etwas geändert hätten.

Das 20. Jahrhundert ist als das Jahrhundert der Völkermorde historisch etikettiert. Der Herero-Aufstand in »Deutsch-Südwestafrika«, als Rebellion eines Kolonialvolkes von den Zeitgenossen wahrgenommen, als Vernichtungsfeldzug von deutschen Truppen exekutiert, steht am Anfang des Jahrhunderts. Der Völkermord an den Armeniern im Osmanischen Reich im Ersten Weltkrieg trug, mit eineinhalb Millionen Opfern, alle Merkmale des Staatsterrors gegen eine Minderheit: den ideologisch begründeten Vorsatz, die systematische Durchführung, die Tarnung aus Staatsräson und die Verleugnung aus patriotischen Motiven durch den Nachfolgestaat der Tätergesellschaft bis zum heutigen Tag. Der Holocaust war einzigartig wegen der ideologischen Zielgerichtetheit, wegen der Verbindung aus Propaganda zur Akzeptanz des Völkermords und gleichzeitiger Geheimhaltung der Methoden, der Orte und des Personals seiner Durchführung; der Mord an sechs Millionen europäischen Juden war auch in der Dimension ohne Vergleich. Der Holocaust wurde als Tat einer zivilisierten und hochentwickelten Nation zum Inbegriff des Menschheitsverbrechens. Damit ist der Judenmord zwar einerseits dem Vergleich entzogen, andererseits aber Maßstab für alle späteren genozidalen Handlungen.

Bevölkerungstransfer, Deportation, Vertreibung, Gewalt gegen Zivilpersonen waren als Herrschaftspraxis totalitärer Systeme stigmatisiert; die in Potsdam 1945 beschlossene Aussiedlung der Deutschen aus den wieder erstandenen Staaten Tschechoslowakei und Polen war dagegen als friedensstiftende Maßnahme gedacht und in der Illusion propagiert worden, sie könnte in humanen Formen durchgeführt werden. Und die Vertreibung der Deutschen aus Ostmitteleuropa war auch ein Reflex auf die vorangehende deutsche Okkupation, sie sollte als Abschluss einer Epoche der Gewalt konnotiert werden, nicht als Missachtung der Menschenrechte einer ethnischen Gruppe.

Doch die Ereignisse bei der Neuordnung Europas nach dem Zweiten Weltkrieg bildeten kaum eine Zäsur und noch weniger den Abschluss einer Ära des Staatsterrors, der Gewalt gegen Minderheiten und des Genozids. Fünfzig Jahre nach dem Ende des Zweiten Weltkrieges war die Menschheit auf dem Weg zum Frieden oder doch wenigstens zu friedlichen Konfliktlösungen nicht erkennbar vorangekommen. Im Gegenteil. Nach Angaben des Roten Kreuzes gab es 1995 weltweit 56 Konflikte, die mit Waffengewalt ausgetragen wurden, dabei wurden 17 Millionen Menschen zu Flüchtlingen. Es waren überwiegend nationale Krisen, deren Folgen zu 95 Prozent die Zivilbevölkerung – etwa 43 Millionen Menschen – trafen.[2] Was als

Bürgerkrieg oder ethnischer Konflikt, als Rebellion oder als Unabhängigkeitskampf in einer weit entfernten Region, in Afrika vielleicht oder irgendwo in Mittelasien, stattfand, wurde aus doppelter Distanz, der geografischen Entfernung und des kulturellen Unterschieds (bei dem sich der Europäer traditionell auf der höheren Stufe vermutet), gesehen. Das heißt, die Ereignisse im Kongo, im Sudan, im Orient wurden zur Kenntnis genommen, aber nicht mit Interesse und Empathie, sondern so, wie man vom unvermeidlichen Unglück Fremder erfährt, das einen selbst nicht weiter angeht. So wurden die Konflikte und Gewalttaten *per definitionem* aus der Welt geschafft oder wenigstens marginalisiert. Die Größenordnung der Ereignisse, bei denen Menschen von Haus und Hof vertrieben, gefoltert, massakriert wurden, weil ihre religiöse, ethnische, kulturelle oder soziale Gruppenzugehörigkeit den Anlass bot, spielt für die Wahrnehmung der Unbeteiligten und weit Entfernten keine Rolle.

In Kambodscha kam 1975 der Anführer der Roten Khmer, Pol Pot, an die Macht. Politisch sozialisiert im Widerstand gegen die französische Herrschaft in Indochina als Gefolgsmann Ho Chi Minhs, versucht Pol Pot ein ländliches radikalkommunistisches System zu errichten. 1975, im Jahre Null der neuen Ära, wird das Geld abgeschafft, werden Städte aufgelöst, beginnt die Ausrottung von Eigentümern, Gebildeten, Fremden. Bei Todesmärschen der Stadtbevölkerung in die ländlichen Kollektive, in Gefängnissen, Folterzentren, durch Hunger und Seuchen, durch Massaker und Mord gehen Menschen in einer Größenordung zugrunde, die zwischen 1,6 und 2,4 Millionen liegt. Am Tatbestand des Genozids ist kein Zweifel möglich. Der Verantwortliche, Pol Pot, 1979 entmachtet und bis an sein Lebensende 1998 unter Hausarrest, aber weiter unbehelligt, hat kein Unrechtsbewusstsein. Ein Jahr vor seinem Tod, 1997, sagt er zu einem amerikanischen Reporter, er habe nur Kambodscha gegen den Aggressor Vietnam verteidigt, er sieht sich als Befreier des »Volkes und der Rasse Kambodschas«. Alles, was er tat, tat er für sein Land, sagt er, und der hunderttausendfache Mord existiere nur in der Propaganda der Vietnamesen.[3]

Ein Pogrom in Colombo im Juli 1983, bei dem Tamilen die Opfer, Singhalesen die Täter sind, wird zum Auftakt für einen Guerillakrieg, den die tamilische Minderheit Sri Lankas gegen die Mehrheit aus Singhalesen und Muslimen führt, auf den die Regierungstruppen mit ähnlicher Grausamkeit, mit vergleichbaren Massakern antworten. Vier Jahre später, 1987, ist das Land faktisch geteilt, sind mindestens 50 000 Menschen getötet worden. Um noch ein Beispiel aus einer anderen Region zu nennen: Ein klandestiner Vernichtungskrieg der Regierung des Sudan richtet sich seit den achtziger Jahren gegen die Volksgruppe der Nuba, gegen 1,5 Millionen Menschen in 50 Stämmen mit vielen Sprachen, die systematisch ihrer Eliten beraubt und dem Hunger und der Verelendung preisgegeben werden.[4]

Der letzte große Völkermord des 20. Jahrhunderts geschah unter den Augen der Weltöffentlichkeit, aus unmittelbarer Nähe beobachtet von Einheiten mit blauen Helmen, die von der UNO entsandt waren. Von April bis Juli 1994 wurden in Ruanda von Mordbanden in staatlichem Auftrag Hunderttausende vom Säugling bis zum Greis abgeschlachtet, weil sie der Volksgruppe der Tutsi angehörten. Der Tatbestand erfüllte alle Merkmale des Völkermords nach der Konvention von 1948, er hatte sich durch Massaker in Burundi in den sechziger Jahren, 1972, 1988, 1991 und 1993 und durch Massaker in Ruanda 1959, 1961, 1963/64, 1972/73, 1991 und 1992/93 angekündigt. International bagatellisiert als »Stammesfehden« zwischen Hutu und Tutsi oder als »Stammeskriege«, Ausschreitungen, »spontaner Ausbruch des aufgestauten ethnischen Hasses« oder als »unkontrollierter Blutrausch«[5] fand dreizehn Wochen lang ein Genozid statt, der »das Ergebnis einer bewußten Entscheidung« gewesen war, »getroffen von einer modernen Elite, die sich durch Verbreitung von Haß und Angst den Machterhalt zu sichern suchte«[6].

Der genozidale Schrecken der neunziger Jahre, der auf dem Balkan ausbrach, als der Staat Jugoslawien in Agonie fiel und sich auflöste, hatte einen eigenen, einen neuen Namen. Der Begriff

»ethnische Säuberung« war bald in aller Munde, wurde zuerst in den Medien, schließlich auch in der Wissenschaft benutzt, obwohl ihm die exakte Definition fehlte.[7] Die Selbstverständlichkeit, mit der die Vokabel in Gebrauch genommen und damit objektiviert wurde, irritierte nur wenige. Der Schriftsteller György Konrád machte darauf aufmerksam und erinnerte damit zugleich daran, wie selbstverständlich der mit dem ominösen Begriff umschriebene Sachverhalt offenbar hingenommen wurde: »Die euphemistische und ohne Anführungszeichen erfolgende Übernahme eines unflätig rassistischen Wortes in den internationalen Sprachgebrauch markiert das zweideutige Verhältnis der Zuständigen zum Thema.«[8]

Eine Experten-Kommission, eingesetzt vom UN-Sicherheitsrat, hat im Mai 1992 konstatiert, dass als »ethnische Säuberung« die vorsätzliche Politik einer ethnischen oder religiösen Gruppe zu verstehen sei, mit den Mitteln von Gewalt und Terror die Zivilbevölkerung einer anderen ethnischen oder religiösen Gruppe aus einem bestimmten Territorium zu entfernen. Ziel einer solchen Politik ist die Okkupation des Gebiets unter Ausschluss der vertriebenen Gruppe. Aber der Sachverhalt »ethnische Säuberung«, das machte die Expertenkommission deutlich, geht über den Tatbestand der Vertreibung weit hinaus. Zur »ethnischen Säuberung« gehören »Massenmord, Folter, Vergewaltigung und andere Formen sexueller Nötigung, schwere Körperverletzungen von Zivilisten, Misshandlung ziviler Gefangener und Kriegsgefangener, Verwendung von Zivilisten als menschliche Schutzschilde, Zerstörung von privatem und öffentlichem Eigentum und Kulturgütern, Plünderung, Diebstahl und Raub von privatem Eigentum, Zwangsenteignungen von Grundstücken und Häusern sowie Angriffe auf Spitäler, medizinisches Personal und Anlagen, die mit dem Roten Kreuz bzw. dem Roten Halbmond gekennzeichnet sind«.[9]

Erlebnisberichte sind konkreter als wissenschaftliche Definitionen. Die Schilderung eines in Kroatien lebenden Tschechen jugoslawischer Nationalität übertrifft die Vorstellungen von »ethnischer

Säuberung« auch von Phantasiebegabten. Der Zeuge aus Prekopakre in Bosnien berichtete bei einer Anhörung im September 1992 in Frankfurt am Main vom Schicksal kroatischer Polizisten, die in die Gewalt serbischer Kampfverbände gerieten: »Damals fuhren 21 kroatische Polizisten in einem selbstgebauten Panzerwagen auf das Dorf zu, um eine Kontrolle durchzuführen. Etwa einen halben Kilometer vom Dorf entfernt kamen sie an eine Barrikade, die sie mit ihrem Fahrzeug forträumten. Im gleichen Augenblick wurden sie mit einer Granate beschossen, und ein Feuergefecht schloss sich an. Die Polizisten waren zufällig in die Kampflinie geraten und plötzlich von 600 Četniks umstellt. Nach einigen Stunden Kampf wurden 18 Polizisten gefangengenommen, die anderen waren tot. Die 18 Gefangenen wurden grausam zu Tode gefoltert. Sie wurden mit dem Messer gestochen, dann mit dem Schraubenzieher. Die Nasen, Ohren und Genitalien wurden abgeschnitten. Sie wurden mit Draht gefesselt und gequält. Und einige wurden unter den Panzer geschoben und mit dem Panzer plattgefahren. Bei diesem Massaker war fast die ganze Bevölkerung von Kusonje, hauptsächlich Serben, dabei. Sie konnten mit den gefesselten Leuten machen, was sie wollten. Sie haben drauf gepißt, sie haben sie geschlagen mit allem, was sie hatten. Dieses Massaker betraf zwar nur die 18 Polizisten, aber in den Dörfern waren insgesamt etwa 150 Gefangene, Kroaten, Tschechen, Ungarn.«[10]

Die Entstehung des infamen Begriffs »ethnische Säuberung« ist genau zu lokalisieren und zu datieren. Im Mai 1992 wurde auf dem Balkan propagiert und praktiziert, was seither darunter verstanden wird. Serben, die in Bosnien Muslime vertrieben und ausrotteten, verwendeten den Begriff auf zweierlei Weise. Aggressiv war er gegen Muslime und Kroaten gerichtet und war Instrument hegemonialen und expansionistischen Strebens. Defensiv benutzten Serben die Vokabel, um Aufmerksamkeit zu lenken auf das, was zehn Jahre zuvor von Kosovo-Albanern den Serben im Kosovo zugefügt worden war.[11] Bald sprach man auch von »ethnischer Säuberung«, wenn Kroaten die Täter, Muslime die Opfer waren; dann waren

Kroaten, schließlich Albaner im Kosovo Objekte serbischer Aggression. Der Begriff bürgerte sich ein, weil er einen Sachverhalt jenseits aller Kultur und Zivilisation auf eine klinische Formel brachte, die besser auszusprechen war und möglicherweise von Assoziationen verschonte, die Vokabeln wie Massenmord, Pogrom und schließlich Genozid auslösen. Mit dem Terminus »Ethnische Säuberung« wird Bevölkerungspolitik konnotiert, deren Methoden abstrakt bleiben, jedenfalls nicht reflektiert werden müssen. Bald wurde der Begriff in der historischen Verlängerung verwendet, und er findet sich jetzt auch in der wissenschaftlichen Literatur, die sich mit älteren Ereignissen, etwa den Massenmorden in der gleichen Region zur Zeit nationalsozialistischer Herrschaft, beschäftigt.[12]

Dass die atavistische Gruppengewalt in Europa anlässlich des Zerfalls von Jugoslawien losbrach und eskalierte, hat das Entsetzen ausgelöst, das gegenüber früheren Exzessen in anderen Weltregionen fehlte. Dass der Balkan Schauplatz des Mordens aus ethnischen, d. h. religiösen, kulturellen, sozialen Motiven wurde, ließ sich nach verbreiteter Ansicht mit den Traditionen der Nationalstaatsbildung seit dem 19. Jahrhundert auf dem Territorium des Osmanischen Reiches, den kriegerischen Verwicklungen des 20. Jahrhunderts und dem dort entwickelten Modell des Bevölkerungsaustausches zwischen der Türkei und Griechenland in den zwanziger Jahren bis hin zum Zypernkonflikt interpretieren.[13] Aber das ist als Erklärung zu kurz gegriffen. Die »ethnische Säuberung« unterscheidet sich vom Genozid durch Intention und Ziel. Der Völkermord zielt auf die Vernichtung einer Gruppe, die »ethnische Säuberung« zielt auf deren Vertreibung von ihrem Territorium und die Auslöschung ihrer kulturellen Spuren, um das Gebiet in Besitz zu nehmen. Die Methoden sind freilich nicht ohne weiteres zu unterscheiden, Vergewaltigung, Folter, Mord stehen am Ende der Skala, die mit Ausgrenzung, Stigmatisierung, Beraubung und Entrechtung beginnt. Eine Typologie aufzustellen, bei der etwa zu konstatieren wäre, dass beim nationalsozialistischen Völkermord an den Juden die Vergewaltigung aus ideologischen Gründen verpönt war, ist wenig befriedigend, da diese Tatsache so wenig als mildernder Umstand dienen kann, wie sie dann, wenn sie begangen wird, eine Rangordnung genozidaler Ereignisse begründen könnte. Festzuhalten bleibt, dass der Einzug des Schreckens in das Bewusstsein der Europäer in den neunziger Jahren mit der Erkenntnis verbunden war, dass unkontrollierte Gruppengewalt in äußerst barbarischer Form in den Alltag zivilisiert geglaubter Regionen zurückgekehrt war.

Welche Wirkung hatten die Ereignisse in der öffentlichen Meinung? Die Frage gehört in der mediendominierten Informationsgesellschaft seit dem ausgehenden 20. Jahrhundert zu den zentralen Problemen nicht nur der Wahrnehmung, sondern auch allen politischen und gesellschaftlichen Agierens. Zu unterscheiden sind im Wesentlichen drei Reaktionen. Zum einen wurde nach Erklärungen gesucht, die hilfreich sein sollten, das Geschehen typologisch zu verorten. Zum anderen dient der Vergleich historischer Erscheinungsformen – der Motive und Wirkungen natürlich ebenso – der Erkenntnis über »ethnische Säuberung«, Massendeportation, Völkermord. Schließlich, drittens, bildet die Öffentlichkeit der Verbrechen eine neue Kategorie, die betrachtet werden muss, weil genozidales Geschehen sich nicht mehr in der Tarnung, sondern als Bestandteil des Medienalltags vollzieht.

Die Täter sind sogar in den Medien mit Interviews präsent. Das Magazin ›Der Spiegel‹ zitierte einen Bewacher des serbischen Lagers Omarska, nordwestlich von Banja Luka, der erklärt hatte, für die Moslems müsse man nicht einmal Kugeln verschwenden: »Sie haben kein Dach. Sonne, Regen, kalte Nächte und zweimal täglich Prügel genügen. Wir geben ihnen weder Wasser noch Essen. Sie verhungern wie Vieh.« Möglicherweise ist dieses Bekenntnis erfunden, dann zeigt es aber doch, welche Erwartungen die Medien beim Publikum voraussetzen, um sie zu bedienen.[14]

Gesetzmäßigkeiten des Massakers nachspürend, kommt der Soziologe Wolfgang Sofsky zu der Erkenntnis, dass sich die Szenen der Gewalt im Ablauf ähnlich sind, egal, an welchem Ort sie sich ereignen, welche Ideologie das auslösende Motiv liefert. Während das Attentat durch Plötzlichkeit charakterisiert ist, weil der Attentäter das Risiko durch überraschendes Auftauchen und schnelles Verschwinden zu mindern bestrebt ist, kennzeichnet das Massaker die Zeit, die sich die Täter zur Grausamkeit nehmen. Das unterscheidet den Gewaltexzess des Pogroms und des Massakers von der Massenexekution, wie sie an den Erschießungsgruben in Osteuropa durch deutsche Verbände im Zweiten Weltkrieg vollzogen wurden. Die Ermordung von 33 771 Juden an zwei Tagen, am 29. und 30. September 1941 in der Schlucht von Babij Jar am Stadtrand von Kiew, geschah in der Anonymität einer Zweckrationalität, die die Opfer kaum noch als Individuen in den Blick nahm, und wurde quasi emotionslos wie Arbeit am Fließband erledigt.

Während der Pogrom spontane oder inszenierte Raserei des Pöbels ist (und bürgerlicher Zuschauer, die durch Ansteckung zum Pöbel werden), dessen niedere Instinkte und Regungen zuvor stimuliert wurden, ist das Massaker zwar ebenso wie der Pogrom ausgelöst durch ein ideologisches Motiv – Religion, Sozialstatus, Nationalität, Ethnie –, aber das Massaker ist die exzessive Tat, die ihren schrecklichen Sinn in sich selbst trägt: »Die Mordbetriebe der Nationalsozialisten arbeiteten weitgehend im Rahmen moderner Effektivität und Rationalität. Im Gemetzel aber ist das Gesetz der Handlungsökonomie aufgehoben. Weniger auf das Ergebnis kommt es hier an als auf das eigene Tun. Mit ihren destruktiven Mitteln brauchen die Täter nicht hauszuhalten. So lange schlägt der Mörder mit der Machete zu, bis die Schneide stumpf ist. Der Schütze verpulvert Magazin um Magazin. Der Kugelhagel soll den fremden Körper durchsieben. Denn der Sinn des Exzesses ist nicht Sieg oder politischer Terror, sondern die Tat selbst, das Blutfest«.[15]

Die zweite Form öffentlicher Auseinandersetzung mit den genozidalen Ereignissen der neunziger Jahre des 20. Jahrhunderts bestand in der historischen Betrachtung und im Vergleich. Die gelegentlich konfliktreichen Traditionen des Zusammenlebens unterschiedlicher ethnischer Gruppen auf dem Balkan wurden als regionales Erklärungspotenzial für die »ethnischen Säuberungen«

herangezogen, und für die Völkermorde in Afrika wurden die Wurzeln im Kolonialismus freigelegt.

Die Erinnerung an den nationalsozialistischen Völkermord – verkürzt zur Metapher Auschwitz – wurde aber nicht nur als Erklärungsmodell benutzt, sondern auch als Aufforderung zur Intervention eingesetzt. Im Kosovo-Konflikt diente die Beschwörung des Holocaust zur Legitimation des NATO-Bombardements gegen Serbien. Schließlich – und diese Diskussion dauert an – haben die Ereignisse die Erinnerung an die Intention der Nürnberger Prozesse wieder belebt und den Gedanken einer Internationalen Gerichtsbarkeit zur Ahndung der Verbrechen nach der Völkermord-Konvention konkretisiert.[16]

Zum Wesen der durch Informationsmedien formierten modernen Gesellschaft gehört die totale Verfügbarkeit über die Nachricht. Emotionen und Reaktionen lassen sich wie nie zuvor über »authentische Berichte« steuern, wobei die Mehrheit der Informationskonsumenten die Authentizität der Berichterstattung nicht in Zweifel zieht. Die Bearbeitung der öffentlichen Meinung, um Druck auszuüben mit dem Ziel, Regierungen zur Intervention zu bewegen, ist natürlich keine Methode, die erst am Ende des 20. Jahrhunderts erfunden oder angewendet wurde. Aber erstaunliche und befremdliche Verhaltensweisen sind als weitaus überwiegende Reaktionsmuster am Schluss des Saeculums zu beobachten: Massaker und Völkermord werden im Zeitalter medialer Omnipräsenz zu öffentlichen Ereignissen, die man in der Geborgenheit des Wohnzimmers konsumiert, ohne sich davon wirklich berühren zu lassen. Gewalt und Terror werden wie Medieninszenierungen wahrgenommen, schreckliche Szenen auf ihren Unterhaltungswert reduziert, und die furchtbare Realität von Massaker und Völkermord wird nivelliert in der Flut der Bilder.

Eine neue inhaltliche Qualität der Wahrnehmung entwickelte sich aus der medialen Dimension der Ereignisse. Die Berichterstattung über das genozidale Geschehen auf dem Balkan erzeugte mit Absicht, aber mit nicht ohne weiteres erkennbaren Motiven Konnotationen zu Auschwitz, zum nationalsozialistischen Völkermord. Roy Gutman, Reporter des New Yorker Blattes ›Newsday‹, veröffentlichte im Juli und August 1992 Berichte über Todeslager der bosnischen Serben, und der britische Fernsehsender Independent Television News (ITN) strahlte Bilder aus, die als Beschreibung eines Konzentrationslagers in Trnopolje im August 1992 dargestellt, später aber als Fälschung entlarvt wurden. George Kenney, der im August 1992 als Chef der Jugoslawien-Abteilung im amerikanischen Außenministerium ausschied, aus Protest gegen das Desinteresse der US-Regierung an der Katastrophe auf dem Balkan, sprach von gezielter Desinformation der Medien mit dem Ziel, eine Intervention des Westens herbeizuführen.[17]

Die Intervention gegen Serbien fand statt mit der moralischen Begründung des Verweises auf den Judenmord der Nationalsozialisten. Der Krieg gegen Serbien war eine Geste des Aktionismus und der Hilflosigkeit. Denn er verbarg – und sollte wohl verbergen –, dass man aus der Geschichte des Völkermords nichts gelernt hatte: Die anhaltende Teilnahmslosigkeit gegenüber genozidalen Ereignissen, die sich in weiter Ferne abspielen, wie in den siebziger Jahren in Südostasien oder 1994 in Ruanda und in der Gegenwart in vielen Regionen Afrikas, wich nur auf dem Balkan, unmittelbar vor der Tür nach Mitteleuropa, kriegerischen Aktionen, die kein Problem lösten, aber viele neue Probleme schufen.

Die historische Bilanz des 20. Jahrhunderts, das revolutionären technischen Fortschritt gebracht hat, ist verheerend, wenn man nach ethischen und humanitären Fortschritten sucht, die dem Völkermord an den Juden als dem Jahrhundertverbrechen hätten folgen müssen. Bevölkerungspolitik unter dem Ideal der ethnischen Einheit im Nationalstaat, wirtschaftlichen Interessen folgend, als »social engineering« betrieben nach dem Modell des »Generalplans Ost« aus den Laboratorien Heinrich Himmlers oder als Pogrom und Massaker vollzogen, erfuhr nicht nur auf dem Balkan in den neunziger Jahren traurige Revitalisierung, sie ist alltäglich und wird, da in der Ferne praktiziert, kaum beachtet.

In aller Öffentlichkeit, aber nicht wahrgenommen, wiederholt sich die Tragödie von Ruanda: Seit 2003 werden in der westsudanesischen Provinz Darfur Menschenrechte verletzt, werden Menschen aus ihrer Heimat vertrieben, niedergemetzelt, ermordet. Etwa 300 000 Todesopfer hat das genozidale Geschehen bis Ostern 2006 gefordert. 200 000 Flüchtlinge leben in Lagern im benachbarten Tschad, auf den der Bürgerkrieg bereits übergegriffen hat. Die internationale Staatengemeinschaft reagiert »mit Besorgnis«, mit Resolutionen, mit Abwarten.

Anmerkungen

[1] Bundesgesetzblatt 1954 II, S. 730.

[2] Weltkrisenbericht 1995, zit. nach Süddeutsche Zeitung, 11. 5. 1995.

[3] Daniel Kestenholz, Ein reines Gewissen. Der kambodschanische Massenmörder Pol Pot äußert sich zu seiner Vergangenheit, in: Tagesspiegel 24. 10. 1997.

[4] »Vernichtungskrieg gegen Nuba«, Frankfurter Rundschau 21. 7. 1995.

[5] Christian P. Scherrer, Ethnisierung und Völkermord in Zentralafrika. Genozid in Rwanda, Bürgerkrieg in Burundi und die Rolle der Weltgemeinschaft, Frankfurt/New York 1997, S. 11.

[6] Alison Des Forges, Kein Zeuge darf überleben. Der Genozid in Ruanda, Hamburg 2002, S. 16.

[7] Stuart D. Stein, Ethnic Cleansing, in: Ellis Cashmore (Ed.), Encyclopedia of Race and Ethnic Studies, Routledge 2003; Andrew Bell-Fialkoff, Ethnic Cleansing, London 1996.

[8] György Konrád, Mensch und Haus darf man nicht trennen, in: FAZ 14. 11. 1998.

[9] Final Report of the Commission of Experts Established Pursuant to Security Council Resolution 780 (1992), 27 May 1994.

[10] Zeugenaussage bei der Anhörung der Gesellschaft für bedrohte Völker in Frankfurt a. M. 20./21. September 1992, in: »Ethnische Säuberung – Völkermord für ›Großserbien‹«. Eine Dokumentation der Gesellschaft für bedrohte Völker, hrsg. von Tilman Zülch, Hamburg 1993, S. 63 f.

[11] Norman M. Naimark, Flammender Hass. Ethnische Säuberung im 20. Jahrhundert, München 2004, S. 11.

[12] Vgl. Tomislav Dulić, Utopias of Nation. Local Mass Killing in Bosnia and Herzegovina, 1941–42, Uppsala 2005.

[13] Vgl. etwa Dan Diner, Der Balkan als Ursprung der »ethnischen Säuberung«, in: FAZ 28. 10. 1995.

[14] Der Spiegel, Nr. 33, 10. 8. 1992, S. 130. Vgl. Anm. 16.

[15] Wolfgang Sofsky, Das Gesetz des Gemetzels, in: Die Zeit 2. 4. 1998.

[16] Paul Stoop, Hoffnung auf ein Ende der Straflosigkeit, in: Tagesspiegel 14. 6. 1998.

[17] Thomas Deichmann, Als die Bilder lügen lernten, in: Wolfgang Schneider (Hrsg.), Bei Andruck Mord. Die deutsche Propaganda und der Balkankrieg, Hamburg 1997; ders., Es war dieses Bild, das die Welt in Alarmbereitschaft versetzte, in: Thomas Deichmann (Hrsg.), Noch einmal für Jugoslawien: Peter Handke, Frankfurt am Main 1999.

Nachweise

›*Traditionen der Gewalt gegen die Minderheit*‹ ist die erweiterte Fassung eines Vortrags, der am 1. November 2004 in einer Ringvorlesung »Juden und Antisemitismus in den neuen EU-Ländern« gehalten wurde. Die Ringvorlesung in der Freien Universität Berlin wurde vom Seminar für Katholische Theologie der FU und dem Zentrum für Antisemitismusforschung der TU veranstaltet.

›*Kolonialpolitik als Genozid*‹ wurde für diesen Band geschrieben.

›*Verleugnung und Trauma. Der Völkermord an den Armeniern*‹ ist die aktualisierte und erweiterte Version eines Aufsatzes, der zurückgehend auf die Ansprache bei der zentralen Gedenkfeier für die Opfer des Genozids an den Armeniern in der Paulskirche in Frankfurt am Main am 24. April 2004 in der ›Zeitschrift für Geschichtswissenschaft‹ im April 2005 erschienen ist.

›*Stationen der Ausgrenzung*‹ ist die Neufassung und Erweiterung mehrerer Arbeiten, die als Konferenzbeiträge in Sammelbänden publiziert worden sind.

›*Diskriminierung, Ausgrenzung, Vernichtung*‹: Dem Beitrag liegt der Text der Ansprache zugrunde, die am 25. März 2003 in Leipzig anlässlich der Enthüllung des Denkmals für die während der Zeit des Nationalsozialismus ermordeten Leipziger Sinti und Roma gehalten wurde.

›*Zwangsmigration von Volksdeutschen im Zweiten Weltkrieg*‹ wurde als Vortrag gehalten am 27. September 2002 in Prag bei der Konferenz »Zwangsmigrationen in Europa 1938–1950«, veranstaltet vom Institut für Europäische Geschichte Mainz.

›*Die Vertreibung der Deutschen nach dem Zweiten Weltkrieg*‹ fasst mehrere Arbeiten zusammen und erscheint in dieser Form erstmals im Druck.

›*Verweigerte Aufnahme*‹ erschien zuerst im Themenheft ›Jüdische Emigration‹ im Band 19 der ›Zeitschrift für Exilforschung‹, 2001.

›*Ethnisierung – Vertreibung – Völkermord*‹ erscheint hier erstmals im Druck; der Text geht auf einen Vortrag zurück, der am 25. Juni 2004 beim Internationalen Kolloquium »Vertreibung in Mitteleuropa nach 1945« in Görlitz gehalten wurde. Die Veranstalter waren das Mitteleuropa-Zentrum für Staats-, Wirtschafts- und Kulturwissenschaften an der TU Dresden und das Willy-Brandt-Zentrum an der Universität Wrocław.